lateinische Wörter — grammatische Eigenschaften — deutsche Bedeutungen

lateinische Wörter	grammatische Eigenschaften	deutsche Bedeutungen	
cōnstituere	cōnstituō, cōnstituī, cōnstitūtum	festsetzen, beschließen	*Konstitution, e./f. constitution, i. costituzione*
cōnstāre	cōnstō, cōnstitī ex *m. Abl.*	1 kosten 2 bestehen aus	*konstant, Konstanze, i. constare, s. constar*
cōnstat		es ist bekannt, es steht fest	
cōnsuēscere	cōnsuēscō cōnsuēvī, cōnsuētum	1 sich gewöhnen (an) 2 *Perf.* gewohnt sein	*Kostüm, e. custom, f. coutume, i. costume s. costumbre*
cōnsuētūdō	cōnsuētūdinis *f*	Gewohnheit	
cōnsul	cōnsulis *m*	Konsul	*Konsulat, e./f. consul*
cōnsulere	cōnsulō, cōnsuluī, cōnsultum *m. Akk.* *m. Dat.* in *m. Akk.*	 1 um Rat fragen 2 sorgen für 3 vorgehen gegen	*f. conseiller, i. consigliare, s. aconsejar*
cōnsūmere	cōnsūmō, cōnsūmpsī, cōnsūmptum	verbrauchen, verwenden	*konsumieren, Konsum, e. to consume, f. consumer*
contendere	contendō, contendī	1 behaupten 2 eilen 3 sich anstrengen, kämpfen	*e. to contend*
contentus	a, um	zufrieden	*e./f. content, i./s. contento*
continēre	contineō, continuī, contentum	1 festhalten 2 *Pass.* enthalten sein, beruhen (auf etw.)	*Container, e. to contain, f. contenir, i. contenere, s. contener*
contingere	contingō, contigī, contāctum	1 berühren 2 gelingen	*Kontingent, Kontakt, e./f. contact*
contrā	*m. Akk.* *Adv.*	1 gegen 2 gegenüber	*Kontrast, Konter, konträr, kontrastiv*
convenīre	conveniō, convēnī, conventum	besuchen, zusammenkommen, zusammenpassen	*Konvention, Konvent, konventionell, f. convenir*

i: italienisches Wort

e: englisches Wort

unterschiedliche Bedeutungen

f: französisches Wort

s: spanisches Wort

Fremdwörter

blaue Schrift: 500 häufigste Wörter

Schnellübersicht zu den Elementen der Doppelseiten

adeo NORM mit Lernhilfen

Das lateinische

BASISVOKABULAR

C.C. Buchner

adeo-NORM
Herausgegeben von
Clement Utz, Regensburg/Nabburg,

unter Mitarbeit von Katharina Börner, Regensburg,
Dr. Wolfgang Freytag, München, Dr. Friedrich Heberlein, Eichstätt,
Andrea Kammerer, Schwabach, und Klaus-Dieter Krüger, Alfeld.

Auf der Basis des „Bamberger Wortschatzes“ sind außerdem verfügbar:

adeo-PLUS
Autorenwortschätze und Kulturwortschatz mit Lernhilfen (BN 5272)

adeo-WÖRTERLISTE
Das Basisvokabular in handlicher Spiralbindung (BN 5270)

1. Auflage 1 7 6 5 4 2008 07 06 05
Die letzte Zahl bedeutet das Jahr dieses Druckes.

Dieses Werk folgt der reformierten Rechtschreibung und Zeichensetzung. Ausnahmen bilden Texte, bei denen künstlerische, philologische oder lizenzrechtliche Gründe einer Änderung entgegenstehen.

www.ccbuchner.de

Satz und Gestaltung: Artbox Grafik und Satz GmbH, Bremen
Druck und Bindung: Graph. Großbetrieb Friedrich Pustet, Regensburg

ISBN 3-7661-**5271**-8

Inhalt

Liebe Schülerinnen und Schüler	4
Basisvokabular mit Lernhilfen	9
Wichtige Regeln zur Wortbildung	162
Grundlagen der Wortkunde	164

Abkürzungsverzeichnis

Abl.	Ablativ
AcI	Akkusativ mit Infinitiv
Adj.	Adjektiv
adj.	adjektivisch
Adv.	Adverb
Akk.	Akkusativ
Akt.	Aktiv
Dat.	Dativ
dir.	direkt
dopp.	doppelt
e.	englisch
etw.	etwas
f	feminin
f.	französisch
Gen.	Genitiv
i.	italienisch
indekl.	indeklinabel
indir.	indirekt
Ind.	Indikativ
Inf.	Infinitiv
jmd.	jemand(en/em)
intrans.	intransitiv
Komp.	Komparativ
Konj.	Konjunktiv
m	maskulin
m.	mit
milit.	militärisch
Nom.	Nominativ
n	neutrum
örtl.	örtlich
PPP	Partizip Perfekt Passiv
Pass.	Passiv
Perf.	Perfekt
Ps.	Person
Pl.	Plural
s.	spanisch
Sg.	Singular
Subj.	Subjunktion
Subst.	Substantiv
subst.	substantivisch
trans.	transitiv
zeitl.	zeitlich

Liebe Schülerinnen und Schüler!

Diese Wortkunde will euch zweierlei bieten:

1. ein Basisvokabular, das genau auf die Lektüre derjenigen Texte abgestimmt ist, die ihr im Lateinunterricht lest
2. verschiedene zusätzliche Hilfen, die euch das Lernen, Wiederholen und Behalten der Vokabeln erleichtern

Die rechten Seiten

In der *ersten Spalte* findet ihr die ca. 1250 Wörter des Basisvokabulars in alphabetischer Anordnung; so könnt ihr die Wortkunde auch wie ein Lexikon zum Nachschlagen benutzen. Die 500 häufigsten Wörter sind durch blauen Druck hervorgehoben.

In der *zweiten Spalte* sind verschiedene grammatische Eigenschaften (z. B. Genitiv, Geschlecht, Wortart, Kasusrektion, Stammformen) der Wörter zusammengestellt, die ihr so in einem eigenen Arbeitsgang abdecken und lernen könnt. Damit sich die Verben leichter der jeweiligen Konjugationsklasse zuordnen lassen, steht hier auch immer die 1. Person Singular des Indikativ Präsens. Wenn nach einem Wort regelmäßig ein bestimmter Kasus steht, ist dieser ohne Klammern angegeben; wenn der Kasus eingeklammert ist, kann das Wort auch ohne diese Ergänzung stehen. Auf einige euch ganz geläufige Angaben wurde verzichtet:

- Genitiv und Geschlecht bei den Feminina der a-Deklination (z. B. amicitia) sowie bei den Maskulina (z. B. animus) und den Neutra (z. B. argentum) der o-Deklination
- Perfekt- und PPP-Formen bei den Verben der a-Konjugation mit v-Perfekt (z. B. accusāre) und der e-Konjugation mit u-Perfekt (z.B. habēre)

accūsāre	accūsō	anklagen, beschuldigen	*Akkusativ, e. to accuse, f. accuser*
āctiō	āctiōnis *f*	1 Tätigkeit 2 Gerichtsverhandlung 3 Rede	*Aktion, Re-aktion, e./f. action*
ad	*m. Akk.*	an, bei, nach, zu	*e. at, f. à, i./s. a*
adīre	adeō, adiī, aditum (*m. Akk.*)	herantreten (an), bitten	
aedificium		Gebäude	*e. edifice, f. édifice, i./s. edificio*

In der *dritten Spalte* stehen – meist in alphabetischer Reihenfolge – die deutschen Bedeutungen. Wenn sich die Bedeutungsangaben stark unterscheiden, sind sie nummeriert.
In der *vierten Spalte* finden sich Fremdwörter, Fachausdrücke und Vokabeln aus den modernen Fremdsprachen, die auf das jeweilige lateinische Wort zurückgehen. Diese Angaben könnt ihr als Lernhilfe nutzen – oder euch auf diese Weise exemplarisch über das Weiterleben des Lateinischen informieren.

Die linken Seiten
Sie enthalten in verschiedenfarbig unterlegten Feldern ganz konkrete Lernhilfen, die wichtige Vokabeln in Zusammenhänge einordnen und damit das Behalten fördern.

Die *gelb unterlegten Felder* veranschaulichen die Zusammenhänge der Wörter nach ihren *Bedeutungen*. Damit könnt ihr zu einzelnen Vokabeln der rechten Seite Wort- und Sachfelder wiederholen; bildliche Elemente machen euch die Bedeutungen anschaulich.

Die *grauen Felder* mit den *roten Linien* bieten euch kurze Sätze und Wendungen, die die Bedeutungen einzelner Wörter im *Kontext* zeigen. Wenn ihr euch mit diesen einfachen Beispielen befasst, erkennt ihr, dass die Auswahl der richtigen deutschen Bedeutung vom inhaltlichen oder grammatischen Zusammenhang abhängt, in dem das jeweilige Wort vorkommt.

Die *blau unterlegten Felder* zeigen Beispiele zur Zusammengehörigkeit der Wörter in *Wortfamilien* und zur *Wortbildung* (einige wichtige Regeln zur Wortbildung im Lateinischen stehen auf S. 162 f.). In den blauen Feldern findet ihr auch Wortformen und Vokabeln, die wegen ihrer ähnlichen Schreibung oder Lautung gerne verwechselt werden.

Wie lassen sich nun diese Lernhilfen der linken Seiten nutzen?
Grundsätzlich habt ihr zwei Möglichkeiten:

1. Ihr könnt beim Lernen und Wiederholen der Vokabeln auf den rechten Seiten immer wieder diese Informationen einbeziehen. Wenn nämlich zu einem lateinischen Wort in einem solchen Feld Lernhilfen gegeben werden, so findet ihr eine farbige Linie neben diesem Wort, die euch auf die linke Seite verweist:

   ——— verweist auf eine Lernhilfe in einem gelb unterlegten Feld

   ——— verweist auf eine Lernhilfe in einem grauen Feld mit roten Linien

   ——— verweist auf eine Lernhilfe in einem blau unterlegten Feld

   So stellt ihr sinnvolle Verbindungen zu anderen Wörtern her und „vernetzt“ Unbekanntes mit Bekanntem. Dadurch merkt ihr euch nicht nur einzelne Bedeutungen leichter, sondern ihr bekommt auch ein Gespür für sprachliche Zusammenhänge und für das Ermitteln der jeweiligen Bedeutung im Kontext.

2. Ihr habt aber auch die Möglichkeit, die linken Seiten der Wortkunde separat zu nutzen, und zwar über diejenigen Felder, in denen sich gelbe, rote oder blaue Punkte befinden; in diesen Punkten steht jeweils zusätzlich ein Leitbuchstabe (z. B. R). So verbirgt sich hinter jedem Leitbuchstaben in einem farbigen Punkt ein eigenes kleines Trainingsprogramm, mit dem ihr wichtige Vokabeln für einen bestimmten Zweck wiederholen könnt. Ihr müsst nur die linken Seiten durchgehen und jeweils die Felder mit dem gleichen Symbol (z. B. R) bearbeiten.

– Mit den Feldern, in denen gelbe Punkte stehen, sind die Vokabeln zu den sieben wichtigsten Sachfeldern erfasst:

B **B**rauchtum, Kultur
G **G**efühle, Wahrnehmung
M **M**ilitärwesen
N **N**atur
P **P**olitik, Staat
R **R**echt
S **S**prache, Kommunikation

Für die Cäsarlektüre ist es beispielsweise sinnvoll, die Felder mit den Symbolen M, P und R zu wiederholen, für die Ovidlektüre die mit den Symbolen G und N. Eure Lehrerin oder euer Lehrer kann euch dazu konkrete Tipps geben.

Einen alphabetisch geordneten Index, der die Wort- und Sachfelder enthält, findet ihr auf der letzten Seite des Buches (Buchdeckel).

- Die Felder mit den roten Punkten lenken euere Aufmerksamkeit auf die kleinen, aber wichtigen Unterschiede in der sprachlichen Verwendung der Wörter:

D Die so gekennzeichneten Felder enthalten Vokabeln, die im **D**eutschen anders konstruiert werden als im Lateinischen (z.B. carēre *m. Abl.* – frei sein von, nicht haben).

L In diesen Feldern findet ihr Verben, bei denen im **L**ateinischen unterschiedliche Konstruktionen möglich sind und – entsprechend der jeweiligen Konstruktion – eine bestimmte Bedeutung zu wählen ist (z. B. praestāre *m. Akk.* – gewähren, leisten, zeigen; *m. Dat.* – übertreffen).

- In den Feldern mit den blauen Punkten werden euch folgende Lernhilfen geboten:

F Wort**f**amilien (z.B. augēre, auctor, auctōritās ...)

K Zusammenstellungen von **K**omposita (z.B. cēdere, ac-cēdere, con-cēdere ...)

V **V**erwechselbare Wörter und Wortformen (z.B. augeō, audeō, audiō ...)

W Vokabeln mit gleichem **W**ortbildungselement (Präfix, Suffix) (z.B. ad-esse, ac-cēdere, af-ferre, ag-gredī ...)

Einen Index zu den Wortbildungselementen, die in diesen Feldern erfasst sind, findet ihr auf der letzten Seite des Buches (Buchdeckel).

Wenn ihr weitere Informationen zu den Grundlagen dieser Wortkunde haben wollt, könnt ihr auf den Seiten 164 – 168 nachschlagen. Ihr seht: Damit ihr, die Benutzer dieser Wortkunde, nicht so viel Mühe mit dem Latein habt, haben wir, die Verfasser von **adeo**, uns einiges einfallen lassen. Wir wünschen euch viel Erfolg beim Arbeiten mit diesem Büchlein!

Bene *accidit*, ut ADEO adsit!	Es trifft sich gut, dass ADEO da ist.
Hic liber alius est *ac* ceteri libri.	Dieses Buch ist anders als die übrigen Bücher.
Verba tantum, quibus auctores saepe utuntur, *addita* sunt.	Nur Wörter, die die Schriftsteller oft benutzen, sind hinzugefügt.

R

Gerichtssprache

accusare →	**sceleratus fur**	← **defendere**
anklagen, beschuldigen	Verbrecher Dieb	verteidigen

iurare – confiteri

schwören – gestehen

iudex

Richter

iudicare – damnare

urteilen – verurteilen

F

ac-cend-ere	anfeuern, anzünden
in-cend-ere	entflammen, in Brand setzen
in-cend-ium	Brand, Feuer

ad- (W)

ad-esse	da sein, helfen
ac-cedere	herbeikommen, hinzukommen
af-ferre	bringen, herbeibringen, mitbringen; melden
ag-gredi	angreifen, herangehen
ap-petere	haben wollen, erstreben; angreifen
a-spicere	erblicken
at-tingere	berühren

ab- (W)

ab-esse	abwesend sein, fehlen
au-ferre	rauben, wegbringen
a-mittere	aufgeben, verlieren

P

beeinflussen

confirmare – bekräftigen, ermutigen, stärken

persuadere – überreden, überzeugen

hortari – auffordern, ermahnen

monere – (er)mahnen, warnen

inducere – (hin)einführen, verleiten

adducere – heranführen, veranlassen

ā / ab	*m. Abl.*	von, von her	
abdūcere	abdūcō, abdūxī, abductum	wegführen	
abesse	absum, āfuī (ā *m. Abl.*)	abwesend sein, fehlen	*absent, Absentenheft*
abīre	abeō, abiī, abitum	weggehen	*Abitur, Abiturient*
ac / atque		1 und, und auch 2 *im Vergleich:* wie, als	
accēdere	accēdō, accessī, accessum (ad *m. Akk.*)	herbeikommen, hinzukommen	*e. access, f. accéder, i. accèdere, s. acceder*
accendere	accendō, accendī, accēnsum	anfeuern, anzünden	*i. accèndere*
accidere	accidō, accidī	geschehen, sich ereignen	*e./f. accident, i./s. accidente*
accipere	accipiō, accēpī, acceptum	erhalten, erfahren	*akzeptieren, e. to accept, f. accepter*
accūsāre	accūsō	anklagen, beschuldigen	*Akkusativ, e. to accuse, f. accuser*
ācer	ācris, ācre	energisch, heftig, scharf	*e. eager, f. aigre, i. agro, s. agrio*
acerbus	a, um	bitter, grausam, rücksichtslos	*i./s. acerbo*
aciēs	aciēī *f*	Schlachtordnung	
āctiō	āctiōnis *f*	1 Tätigkeit 2 Gerichtsverhandlung 3 Rede	*Aktion, Re-aktion, e./f. action*
ad	*m. Akk.*	an, bei, nach, zu	*e. at, f. à, i./s. a*
addere	addō, addidī, additum	hinzufügen	*addieren, Addition*
addūcere	addūcō, addūxī, adductum	heranführen, veranlassen	
adeō	*Adv.*	so sehr	

Adsit **mihi hic liber!**	Dieses Buch soll mir helfen!
Hunc librum utilem *aestimo*.	Ich halte dieses Buch für nützlich.
Itaque hunc librum magni *aestimo*.	Deshalb schätze ich dieses Buch sehr.

adversus **legem agere**	gegen das Gesetz handeln
adversus **ire**	entgegen gehen
ventus *adversus*	der Gegenwind

F

aequ-or	Ebene, Fläche, Meer
aequ-us	eben, gerecht, gleich
in-iqu-us	ungerecht, ungleich

aedis **Vestae**	der Vestatempel
aedes **Claudii**	das Haus des Claudius

B

aedificia

arx

templum
aedis

insula

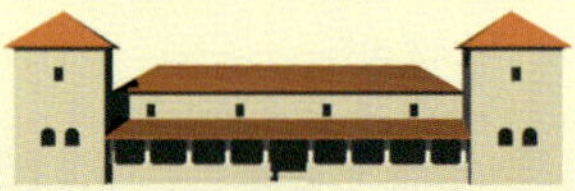

villa

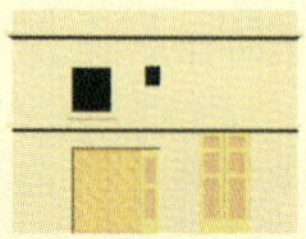

domus

pons

turris

bauen

B

aedificare	bauen	**ornare**	ausstatten, schmücken
collocare	aufstellen, unterbringen	**fingere**	gestalten, sich (etwas) ausdenken
instruere	aufstellen, ausrüsten, unterrichten	**condere**	verwahren, verbergen, erbauen, gründen
ponere	(auf)stellen, (hin)legen, setzen	**colere**	bewirtschaften, pflegen, verehren

adesse	adsum, adfuī (*m. Dat.*)	1 da sein 2 helfen	
adhūc	*Adv.*	bis jetzt, noch	
adicere	adiciō, adiēcī, adiectum	hinzufügen	*Adjektiv*
adīre	adeō, adiī, aditum (*m. Akk.*)	herantreten (an), bitten	
aditus	aditūs *m*	Zugang	
adiungere	adiungō, adiūnxī, adiūnctum	hinzufügen, anschließen	*e. to adjoin, f. adjoindre, i. aggiùngere*
admittere	admittō, admīsī, admissum	hinzuziehen, zulassen	*e. to admit, f. admettre, i. amméttere*
adulēscēns	adulēscentis *Subst.*	1 jung 2 junger Mann	*e./f. adolescent, i./s. adolescente*
adventus	adventūs *m*	Ankunft	*Advent, Abenteuer*
adversus	*m. Akk.* *Adv.*	1 gegen 2 entgegen	*f. adverse*
adversus	a, um	entgegengesetzt, feindlich	
aedificāre	aedificō	bauen	*s. edificar*
aedificium		Gebäude	*e. edifice, f. édifice, i./s. edificio*
aedis	aedis *f*	1 Tempel 2 *Pl.* Haus	
aequor	aequoris *n*	Ebene, Fläche, Meer	
aequus	a, um	eben, gerecht, gleich	*Äquator, eichen, äquivalent*
āēr	āeris *m*	Luft	*Mal-aria, e./f. air, i. aria, s. aire*
aes	aeris *n*	Erz, Geld	*e. ore*
aes aliēnum		Schulden	
aestās	aestātis *f*	Sommer	*f. été, i. estate, s. estio*
aestimāre	aestimō	einschätzen, beurteilen	*e. to estimate, f. estimer*

A

aestus

amare

dolore ***afficere***	Schmerz zufügen, weh tun
morbo ***affici***	krank werden
aliter **ac tu**	anders als du

K

agere	**ago**	**egi**	**actum**	handeln, treiben, verhandeln
cogere	**cogo**	**coegi**	**coactum**	(ver)sammeln, zwingen
exigere	**exigo**	**exegi**	**exactum**	(ein)fordern, vollenden

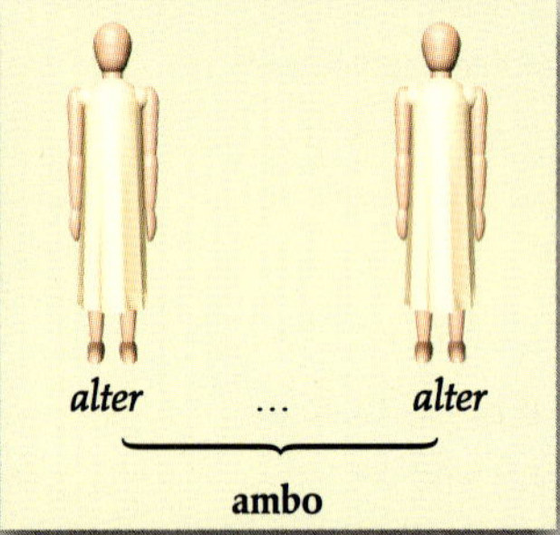

M

kämpfen

pugnare	kämpfen
contendere	behaupten; eilen; sich anstrengen, kämpfen
aggredi	angreifen, herangehen
oppugnare	angreifen
circumvenire	umringen, umzingeln
opprimere	bedrohen, niederwerfen, unterdrücken
resistere	stehen bleiben; Widerstand leisten
repellere	zurückstoßen, abweisen, vertreiben
defendere	abwehren, verteidigen
occupare	besetzen, einnehmen
capere	fassen, nehmen; erobern
subicere	darunter legen; unterwerfen
superare	besiegen, überragen, übertreffen
vincere	(be)siegen, übertreffen
dedere	ausliefern, übergeben

-itare

W

ag-itare (< ***agere***)	betreiben, überlegen
hab-itare (< **habere**)	bewohnen, wohnen

aestus	aestūs *m*	Flut, Hitze	
aetās	aetātis *f*	Lebensalter, Zeitalter, Zeit	*e. age, f. âge, i. età*
aeternus	a, um	ewig	*e. eternal, f. éternel*
afferre	afferō, attulī allātum	bringen, herbeibringen, mitbringen; melden	
afficere	afficiō, affēcī, affectum *m. Abl.*	versehen mit etwas	*Affekt*
ager	agrī *m*	Acker, Feld, Gebiet	*Agrar-*
agere	agō, ēgī, āctum	handeln, treiben, verhandeln	*Akte, Aktie, aktiv, aktuell, re-agieren*
aggredī	aggredior, aggressus sum	angreifen, herangehen	*aggressiv, Aggression*
agitāre	agitō	betreiben, überlegen	*Agitation, e. to agitate, f. agiter*
agmen	agminis *n*	Heereszug	
āiō	(*3. Ps. Sg.* ait, *3. Ps. Pl.* āiunt)	behaupte(te) ich, sag(t)e ich	
alere	alō, aluī, altum	ernähren, großziehen	*„Alete", Eltern, s. alimentar*
aliēnus	a, um	fremd	*Alien, e. alien*
aliquis	aliquid	(irgend)jemand	
aliter		anders; sonst	
alius	a, ud (*Gen.* alterīus, *Dat.* alterī)	ein anderer	*e. else*
alius … alius		der eine … der andere	
alter	altera, alterum (*Gen.* alterīus, *Dat.* alterī)	der eine/der andere (von zweien)	*altruistisch, Alternative, f. autre, i. altro*
altus	a, um	hoch, tief	*Alt, Altar, f. haut, i./s. alto*
amāre	amō	lieben	*Amateur, f. aimer, i. amare, s. amar*

Quaere e Claudia, *an* veniat!	Frag Claudia, ob sie kommt!
***An* dubitas?**	Oder zögerst du (etwa)?

***ante* portas**	vor den Toren
paulo *ante(a)*	ein wenig vorher, etwas eher

L

scelus *animadvertere*	ein Verbrechen bemerken
scelus committi *animadvertere*	bemerken, dass ein Verbrechen begangen wird
in sceleratos *animadvertere*	gegen die Verbrecher vorgehen

G

Positive Gefühle

- ***amor*** – Liebe
- **gaudium** – Freude
- **laetitia** – Freude
- **voluptas** – Lust, Vergnügen
- **spes** – Erwartung, Hoffnung

W

- itia / - ia

amic-us Freund, politischer Anhänger	→	***amic-itia*** Freundschaft
laet-us froh; fruchtbar	→	**laet-itia** Freude
grat-us dankbar, willkommen, beliebt	→	**grat-ia** Ansehen, Beliebtheit, Dank, Gefälligkeit
superb-us stolz, überheblich	→	**superb-ia** Stolz, Überheblichkeit

schließen - öffnen

Marcus portam *aperit*.

Porta patet.

Cornelia portam claudit.

ambō	ambae, ambō	beide (zusammen)	*i. ambedue, s. ambos*
amīcitia		Freundschaft	*f. amitié, i. amicizia*
amīcus		Freund, politischer Anhänger	*f. ami, i. amico, s. amigo*
āmittere	āmittō, āmīsī, āmissum	aufgeben, verlieren	
amor	amōris *m*	Liebe	*f. amour, i. amore, s. amor*
amplus	a, um	bedeutend, groß, weit	*Amplitude, e./f. ample, i. ampio, s. ancho*
an	*im indir. Fragesatz* *im dir. Fragesatz*	1 ob (nicht) 2 oder (etwa)	
angustus	a, um	eng, schwierig	*Angina*
anima		Atem, Leben	*f. âme, i. ànima*
animad-vertere	animadvertō, animadvertī, animadversum *m. AcI/Akk.* in *m. Akk.*	 1 bemerken 2 vorgehen gegen	
animus		Geist, Gesinnung, Mut	*Animosität, animieren, re-animieren*
annus		Jahr	*Annuität, Anno Domini, f. an/année*
ante	*m. Akk.* *Adv.*	1 vor 2 vorher	*f. avant (zeitl.), devant (örtl.), i. davanti, s. (del)ante*
anteā	*Adv.*	vorher, früher	
antīquus	a, um	alt, altertümlich	*antik, Antiquität, e./f. antique, i. antico*
anus	anūs *f*	alte Frau	
aperīre	aperiō, aperuī, apertum	aufdecken, öffnen	*f. ouvrir, i. aprire, s. abrir*

gloriam *appetere*	Ruhm erstreben
hostes *appetere*	die Feinde angreifen
Titum amicum *arbitrari*	Titus für einen Freund halten

V

***At* Titus ridet.**	Titus aber lacht.
***Ac* Titus ridet.**	Und auch Titus lacht.
***Atque* Titus ridet.**	Und auch Titus lacht.

N

Elemente

Feuer - Wasser

ignis		***aqua***	
cinis	Asche	**flumen**	Fluss
flamma	Feuer, Flamme	**lacus**	See, Teich
incendium	Brand, Feuer	**mare**	Meer
accendere	anfeuern, anzünden	**fundere**	(aus)gießen, zerstreuen
incendere	entflammen, in Brand stecken		
ardere	brennen	**aequor**	Ebene, Fläche, Meer
exstinguere	auslöschen, vernichten	**fluctus**	Flut, Strömung
		unda	Gewässer, Welle
sol	Sonne	**aestus**	Flut, Hitze
lux	Licht, Tageslicht	**fons**	Quelle, Ursprung
lumen	Licht, Auge	**ripa**	Ufer
sidus	Stern, Sternbild	**ora**	Küste
aestus	Flut, Hitze	**litus**	Küste, Strand
		sinus	Brust, Bucht, Tasche, Krümmung

M

arma

telum	**gladius**	**ferrum**
(Angriffs-)Waffe, Geschoss	Schwert	Eisen, Waffe

K

aspicere	**aspicio**	**aspexi**	**aspectum**	erblicken
conspicere	**conspicio**	**conspexi**	**conspectum**	erblicken
perspicere	**perspicio**	**perspexi**	**perspectum**	erkennen, genau betrachten, sehen
prospicere	**prospicio**	**prospexi**	**prospectum**	schauen auf, sehen
respicere	**respicio**	**respexi**	**respectum**	(zurück)blicken, berücksichtigen

apertus	a, um	offen, offenkundig	*f. ouvert, i. aperto, s. abierto*
appellāre	appellō *m. dopp. Akk.*	1 anrufen 2 nennen	*appellieren, Appell*
appetere	appetō, appetīvī, appetītum	haben wollen, erstreben; angreifen	*Appetit*
apud	*m. Akk.*	bei, nahe bei	
aqua		Wasser	*Aquarium, Aquädukt*
āra		Altar	
arbitrārī	arbitror, arbitrātus sum	glauben, meinen	
arbor	arboris *f*	Baum	*f. arbre, i. àlbero, s. árbol*
arcessere	arcessō, arcessīvī, arcessītum	herbeirufen, holen	
ārdēre	ārdeō, ārsī, ārsūrum	brennen	*e./f. ardent, i. ardente, s. ardiente*
argentum		Silber	*Argentinien, f. argent, i. argento*
arma	armōrum *Pl.*	Gerät, Waffen	*Armee, Armatur, e. army, f. armée*
armātus	a, um	bewaffnet	
ars	artis *f*	Eigenschaft, Fertigkeit, Kunst	*Artist, e./f. art, i./s. arte*
arx	arcis *f*	Burg	
asper	aspera, asperum	rau; streng	*i. aspro, s. áspero*
aspicere	aspiciō, aspexī, aspectum	erblicken	*Aspekt, e./f. aspect*
at		aber, dagegen, jedoch	
āter	ātra, ātrum	schwarz, düster	
atque / ac		1 und, und auch 2 *im Vergleich:* wie, als	

A

attingere

avus

Caesare ***auctore***	auf Cäsars Veranlassung
aura **plebis**	die Gunst der Plebs
auxilia **exspectare**	auf die Hilfstruppen warten
curas ***avertere***	die Sorgen vertreiben

V

augeo	ich vergrößere, vermehre
audeo	ich wage
audio	ich höre

F

aug-ere	vergrößern, vermehren
auc-tor	Schriftsteller, Urheber, Verfasser
auc-tor-itas	Ansehen, Einfluss, Macht
aux-ilium	Hilfe, *Pl.* Hilfstruppen

Farben

ater

aureus

N

V

auris
- *Dat./Abl. Pl. zu* ***aura***
- *Nom./Gen. Sg. zu* ***auris***

attingere	attingō, attigī, attāctum	berühren	*e. to attain, f. atteindre*
auctor	auctōris *m*	Anführer, Gründer, Ratgeber, Verfasser	*Autor, e. author, f. auteur, i. autore*
auctōritās	auctōritātis *f*	Ansehen, Einfluss, Macht	*Autorität, e. authority, f. autorité*
audācia		Frechheit, Kühnheit	*e. audacity, f. audace, i./s. audacia*
audēre	audeō, ausus sum	wagen	*f. oser, i. osare, s. osar*
audīre	audiō, audīvī, audītum	hören	*Audienz, Auditorium, „Audi"*
auferre	auferō, abstulī, ablātum	rauben, wegbringen	*Ablativ*
augēre	augeō, auxī, auctum	vergrößern, vermehren	*Auktion, e. to augment, f. augmenter*
aura		Gunst, Luft	*Aura, f. orage*
aureus	a, um	golden	
auris	auris *f*	Ohr	*Aurikel, e. ear, f. oreille, i. orecchio*
aurum		Gold	*Eldorado, f. or, i./s. oro*
aut		oder	
aut … aut		entweder ... oder	
autem		aber, andererseits	
auxilium		1 Hilfe 2 *Pl.* Hilfstruppen	*e. auxiliary, i. ausilio, s. auxilio*
avāritia		Geiz, Habsucht	*e./f. avarice, i. avarizia, s. avaricia*
āvertere	āvertō, āvertī, āversum	abwenden, vertreiben	*Aversion, e. to avert*
avus		Großvater	

beatus	←	→	miser
felix	←	→	infelix

M

Kampf

bellum	Krieg
pugna	Kampf
proelium	Kampf, Schlacht
impetus	Angriff, Schwung
insidiae	Falle, Attentat, Hinterlist

victoria	Sieg
calamitas	Schaden, Unglück

N

Tiere

equus **canis** **leo** **pecus** *bos*

W

bene-fic-ium	Wohltat
aedi-fic-ium	Gebäude

barbarus	a, um	ausländisch, unzivilisiert	*Barbar, e. barbarian, f. barbare, i./s. bàrbaro*
beātus	a, um	glücklich, reich	*Beate, i./s. beato*
bellum		Krieg	*Duell*
bene	*Adv.*	gut	*f./s. bien, i. bene*
beneficium		Wohltat	*Benefizspiel*
bibere	bibō, bibī	trinken	*f. boire, i. bere, s. beber*
bonum		das Gut(e)	
bonus	a, um	gut	*Bon, Bonus, Bonbon*
bōs	bovis *m/f*	Kuh, Ochse, Rind	*e. beef, f. boeuf, i. bue, s. buey*
brevis	e	kurz	*Brief, e. brief, f. bref, i./s. breve*
brevī	(tempore)	nach kurzer Zeit, bald (darauf)	

consilium ***capere***	einen Plan (Entschluss) fassen
amicis ***carere***	keine Freunde haben
amicorum ***causa***	wegen der Freunde
cedere **(e) loco**	von der Stelle weichen

L

Cave **canem!**	Hüte dich vor dem Hund!
Cave, **ne cadas!**	Pass auf, dass du nicht hinfällst!

V

cedit	er/sie/es geht, gibt nach, weicht
cadit	er/sie/es fällt
capit	er/sie/es fasst, nimmt, erobert

R

Rechtswesen

actio	*causa*	iudicium	ius	iusiurandum	lex
Tätigkeit; Gerichtsverhandlung; Rede	Sache Prozess, Ursache	Gericht, Urteil	Recht	Eid, Schwur	Gesetz, Bedingung

K

cadere	**cado**	**cecidi**	fallen
accidere	**accido**	**accidi**	geschehen, sich ereignen
occidere	**occido**	**occidi**	umkommen, untergehen

K

capere	**capio**	**cepi**	**captum**	fassen, nehmen, erobern
accipere	**accipio**	**accepi**	**acceptum**	erhalten, vernehmen
excipere	**excipio**	**excepi**	**exceptum**	aufnehmen, eine Ausnahme machen
incipere	**incipio**	**coepi**	**inceptum**	anfangen, beginnen
praecipere	**praecipio**	**praecepi**	**praeceptum**	(be)lehren, vorschreiben
suscipere	**suscipio**	**suscepi**	**susceptum**	auf sich nehmen, sich (einer Sache) annehmen, unternehmen

K

cedere	**cedo**	**cessi**	**cessum**	gehen, nachgeben, weichen
accedere	**accedo**	**accessi**	**accessum**	herbeikommen, hinzukommen
concedere	**concedo**	**concessi**	**concessum**	erlauben, nachgeben, zugestehen
discedere	**discedo**	**discessi**	**discessum**	auseinander gehen, weggehen
excedere	**excedo**	**excessi**	**excessum**	hinausgehen, weggehen
incedere	**incedo**	**incessi**	**incessum**	heranrücken, eintreten, (jmd.) befallen
procedere	**procedo**	**processi**	**processum**	(vorwärts)gehen, vorrücken
succedere	**succedo**	**successi**	**successum**	(nach)folgen, nachrücken

cadere	cadō, cecidī, cāsūrum	fallen	*Kadenz, i. cadere, s. caer*
caedēs	caedis *f*	Blutbad, Mord	*Geno-zid, Sui-zid*
caedere	caedō, cecīdī, caesum	fällen, niederschlagen	
caelum		Himmel	*f. ciel, i./s. cielo*
calamitās	calamitātis *f*	Schaden, Unglück	*Kalamität, e. calamity, f. calamité*
campus		Feld, freier Platz	*Camping, e. camp, f. champ*
canis	canis *m*	Hund	*f. chien, i. cane*
capere	capiō, cēpī, captum	fassen, nehmen; erobern	*kapern, „kapieren", Kapazität*
captīvus	a, um *Subst.*	1 gefangen 2 Kriegsgefangener	*e. captive, f. captif, i. cattivo (= schlecht)*
caput	capitis *n*	Hauptstadt, Kopf	*Kap, Kapitel, Kapitän*
carēre	careō, caruī *m. Abl.*	frei sein von, nicht haben	*Karenzzeit, s. carecer*
carmen	carminis *n*	Gedicht, Lied	*Carmen, e./f. charm*
cārus	a, um	lieb, teuer, wertvoll	*„Caritas", f. cher, i./s. caro*
castra	castrōrum *Pl.*	Lager	*Kastell, e. castle, f. château*
cāsus	cāsūs *m*	Fall, Zufall	*Kasus, Kasuistik, e. case*
causa		Sache, Prozess, Ursache	*Kausalsatz, e./f. cause, f. chose, e. because*
causā	*(nachgestellt) m. Gen.*	wegen	*h. c. (honoris causa)*
cavēre	caveō, cāvī, cautum *(m. Akk.)*	sich hüten (vor), Vorsorge treffen	*Kaution*
cēdere	cēdō, cessī, cessum	gehen, nachgeben, weichen	*f. céder, i. cèdere, s. ceder*
celer	celeris, celere	schnell	
celeritās	celeritātis *f*	Schnelligkeit	*Ak-zeleration*
cella		Kammer, Keller, Tempel(raum)	*Zelle, e. cell, f. cellule, i. cella, s. celda*

C

cena

civitas

L

A censore opes civium *censebantur*.	Vom Zensor wurde der Reichtum der Bürger eingeschätzt.
Plerique senatores bellum *censent*.	Die meisten Senatoren stimmen für Krieg.
Nonnulli hoc falsum (esse) *censent*.	Manche meinen, dass dies falsch ist.

F

in-cert-us	ungewiss, unsicher
cert-us	sicher
cert-e/-o	gewiss, sicherlich
|	
cern-ere	sehen, bemerken
de-cern-ere	beschließen, entscheiden

G

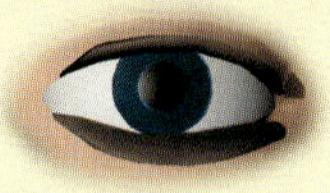

videre	sehen, darauf achten
cernere	sehen, bemerken
aspicere	erblicken
conspicere	erblicken
spectare	betrachten, hinsehen; anstreben
intueri	anschauen
visere	besichtigen, besuchen
perspicere	erkennen, genau betrachten, sehen
prospicere	schauen auf, sehen
providere	vorhersehen; sorgen für; dafür sorgen (dass)

P

Volk – Gemeinschaft

natio	**gens**	**populus**	***civitas***	**plebs**	**vulgus**
Volk, Volksstamm	Familienverband, Stamm, Volk	Volk	Bürgerrecht, Gemeinde, Staat	(nicht adeliges, einfaches) Volk	die Leute (aus dem Volk), die große Masse, der Pöbel

cēna		Mahlzeit, Essen	*i./s. cena*
cēnāre	cēnō	essen	
cēnsēre	cēnseō, cēnsuī, cēnsum *(m. Akk.)*	1 meinen, einschätzen 2 seine Stimme abgeben (für jmd./etw.)	*zensieren, Zensur*
centum	*indekl.*	hundert	*Zenti-meter, Pro-zent, e. century, f. cent*
cernere	cernō	sehen, bemerken	*Kon-zern*
certē / certō	*Adv.*	gewiss, sicherlich	
certus	a, um	sicher	*e./f. certain, i. certo, s. cierto*
cessāre	cessō	rasten, zögern	*e. to cease, f. cesser, i. cessare, s. cesar*
cēterī	ae, a	die übrigen	*etc. (et cetera)*
cēterum	*Adv.*	übrigens	
cibus		Nahrung, Speise	
cingere	cingō, cinxī, cinctum	umgeben, umzingeln	
cinis	cineris *m*	Asche	*„Cinderella", f. cendre, i. cénere*
circiter	*Adv.*	ungefähr	
circum	*m. Akk.*	rings um, um ... herum	*ca. (circa), i. circa, s. cerca*
circumdare	circumdō, circumdedī, circumdatum	umgeben	*i. circondare*
circumvenīre	circumveniō, circumvēnī, circumventum	umringen, umzingeln	
cīvis	cīvis *m*	Bürger	*zivil, e. citizen, f. citoyen, i. cittadino*
cīvitās	cīvitātis *f*	Gemeinde, Staat, Bürgerrecht	*e. city, f. cité, i. città, s. ciudad*

Milites unum in locum *coguntur*.	Die Soldaten werden an einer Stelle versammelt.
Milites *coguntur*, ut impetum faciant.	Die Soldaten werden gezwungen anzugreifen.
Bene vivere *cogito*.	Ich beabsichtige gut zu leben.
De vita beata *cogito*.	Ich denke über das glückliche Leben nach.

agros *colere*	die Felder bewirtschaften
deos *colere*	die Götter verehren
scelus *committere*	ein Verbrechen begehen
proelium *committere*	eine Schlacht beginnen

V

cogito	ich beabsichtige, denke
cogo	ich (ver)sammle, zwinge
colo	ich bewirtschafte, pflege, verehre

K

noscere	**nosco**	**novi**	**notum**	erkennen, kennen lernen
cognoscere	**cognosco**	**cognovi**	**cognitum**	erkennen, kennen lernen
ignoscere	**ignosco**	**ignovi**	**ignotum**	verzeihen

M

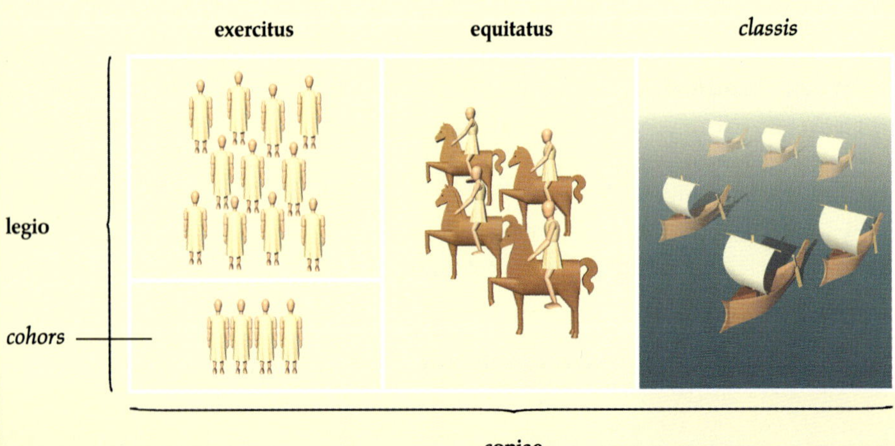

clāmāre	clāmō	laut rufen, schreien	*Re-klame, re-klamieren, i. chiamare*
clāmor	clāmōris *m*	Geschrei, Lärm	*Klamauk, e. clamour, f. clameur*
clārus	a, um	berühmt, hell, klar	*Klara, Klarinette, e. clear, f. clair*
classis	classis *f*	Abteilung, Flotte	*Klasse, e. class, f. classe*
claudere	claudō, clausī, clausum	abschließen, einschließen	*Klause, Klausel, Klausur, e. to close*
cōgere	cōgō, coēgī, coāctum	(ver)sammeln, zwingen	
cōgitāre	cōgitō	beabsichtigen, denken	*s. cuidar*
cognōscere	cognōscō, cognōvī, cognitum	1 erkennen, kennen lernen 2 *Perf.* kennen, wissen	*f. connaître, i. conóscere, s. conocer*
cohors	cohortis *f*	Kohorte (ca. 600 Mann)	*e. court, f. cour, i./s. corte*
colere	colō, coluī, cultum	bewirtschaften, pflegen; verehren	*kultivieren, Kultur, e. to cultivate*
colligere	colligō, collēgī, collēctum	sammeln	*Kollekte, Kollektion, kollektiv, e. to collect*
collocāre	collocō	aufstellen, unterbringen	*i. collocare, s. colocar*
collum		Hals	*Kollier, De-kolleté, f. cou, i. collo, s. cuello*
comes	comitis *m*	Begleiter, Gefährte	*e. count, f. comte, i. conte, s. conde*
committere	committō, commīsī, commissum	anvertrauen; veranstalten, zustande bringen	*Kommission, Kommissar, e. to commit*
commodum		Bequemlichkeit, Vorteil	
commodus	a, um	angemessen, angenehm, günstig	*Kommode, f. commode, i. còmodo*
commovēre	commoveō, commōvī, commōtum	bewegen, veranlassen	*i. commuòvere, s. commover*

C

communis

confidere

comparo	ich vergleiche
comperio	ich erfahre (genau)
conficit	er/sie/es macht fertig, beendet
confidit	er/sie/es vertraut
complures **viri**	mehrere Männer
plures quam quattuor viri	mehr als vier Männer

wenige – viele

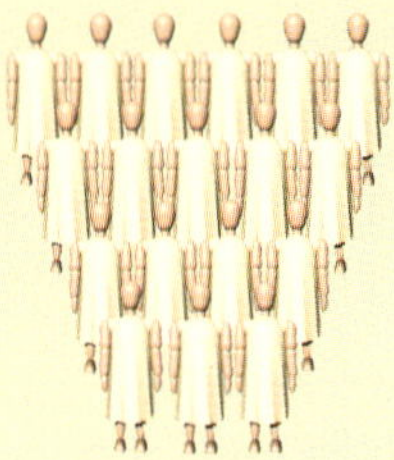

nemo

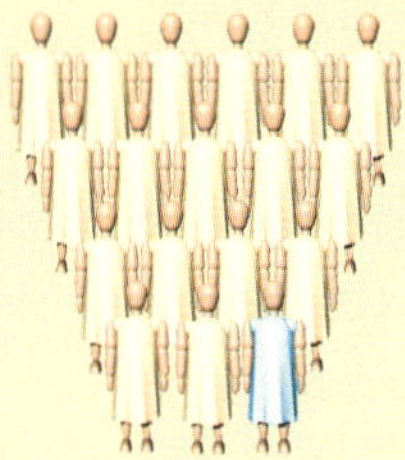

unus

singuli / pauci

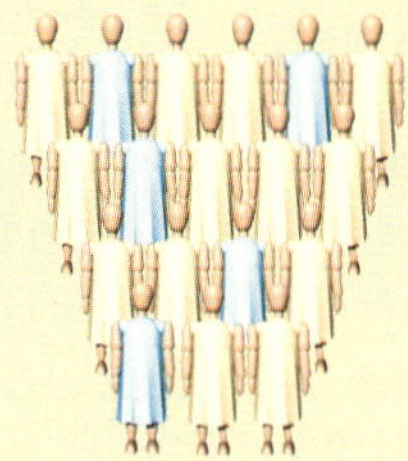

complures / **nonnulli**

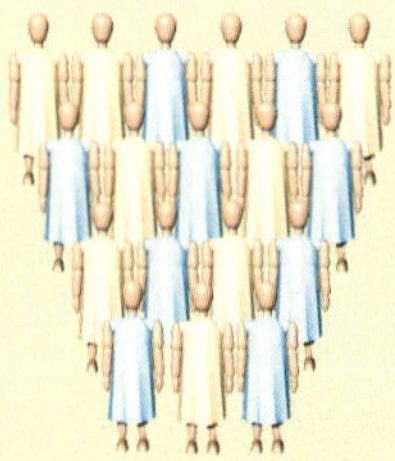

multi

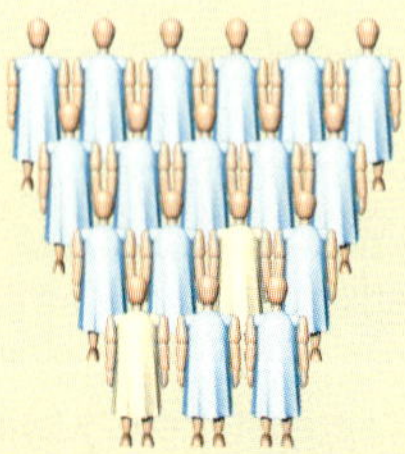

plurimi / plerique

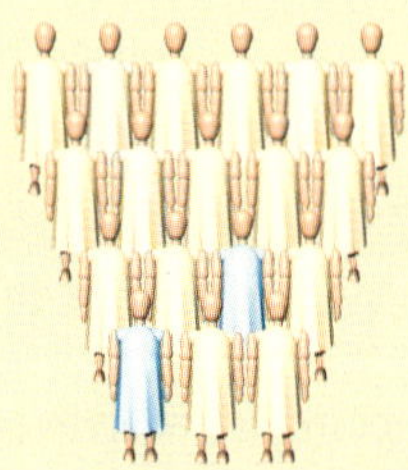

ceteri / reliqui

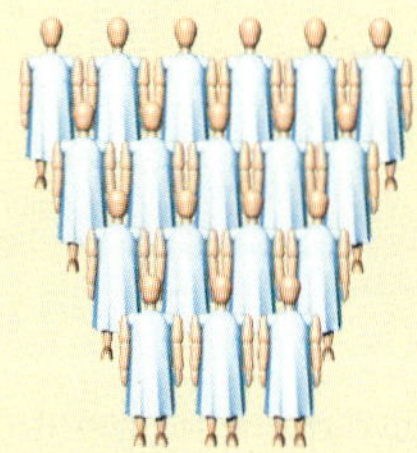

cuncti / omnes

erlauben

admittere	hinzuziehen, zulassen
permittere	erlauben, überlassen
concedere	erlauben, nachgeben, zugestehen
sinere	lassen, erlauben
licet	es ist erlaubt, es ist möglich

commūnis	e	gemeinsam, allgemein	*Kommunion, Kommune, Kommunismus*
comparāre	comparō	vergleichen	*Komparativ, e. to compare, f. comparer*
comperīre	comperiō, comperī, compertum	(genau) erfahren	
complēre	compleō, complēvī, complētum	anfüllen	*komplett, Komplement, e. to complete*
complūrēs	complūrium	mehrere	*f. plusieurs*
compōnere	compōnō, composuī, compositum	1 abfassen, ordnen, schlichten 2 vergleichen	*komponieren, Komponente, Kompositum, Kompott, Kompost*
compre-hendere	comprehendō, comprehendī, comprehēnsum	begreifen, ergreifen, festnehmen	*e. to comprehend, f. comprendre*
cōnārī	cōnor, cōnātus sum	versuchen	
concēdere	concēdō, concessī, concessum	erlauben, nachgeben, zugestehen	*Konzessivsatz, Konzession, e. to concede, f. concéder*
condere	condō, condidī, conditum	verwahren, verbergen; erbauen, gründen	
condiciō	condiciōnis *f*	Bedingung, Lage, Verabredung	*Kondizionalsatz, Kondition, e./f. condition*
condūcere	condūcō, condūxī, conductum	zusammenführen, anwerben, mieten	*e. to conduct, f. conduire, i. condurre, s. conducir*
cōnferre	cōnferō, contulī, collātum	vergleichen, zusammentragen	*Konferenz, cf. (confer!), e. to confer*
cōnficere	cōnficiō, cōnfēcī, cōnfectum	fertig machen, beenden	*Konfektion, Konfitüre, Konfetti*
cōnfīdere	cōnfīdō, cōnfīsus sum	vertrauen	*e. to confide, f. confier, i. confidare*

C

confirmare

conspicere

furem in vincula	den Dieb in Fesseln legen
conicere	(ins Gefängnis werfen)
ex oraculo bene	aus einem Orakel die richtigen
conicere	Schlüsse ziehen
a morte *conservare*	vor dem Tod retten

V

consido	ich setze mich, lasse mich nieder
consisto	ich mache Halt, stelle mich auf

F

consul-ere	um Rat fragen; sorgen für; vorgehen gegen
consul	Konsul
consil-ium	Beratung, Beschluss, Plan, Rat

W

servare / *conservare*	retten (vor), bewahren
noscere / **cognoscere**	erkennen, kennen lernen
fateri / *confiteri*	bekennen, (ein)gestehen

N

Frau

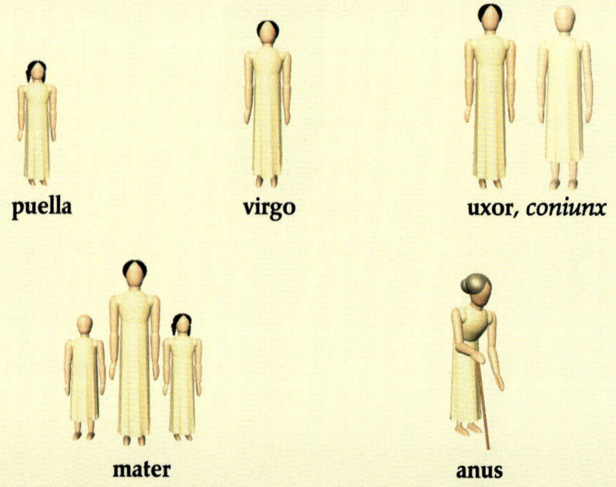

cōnfirmāre	cōnfirmō	bekräftigen, ermutigen, stärken	*Konfirmation, e. to confirm, f. confirmer*
cōnfitērī	cōnfiteor, cōnfessus sum	(ein)gestehen	*Konfession, e. to confess, f. confesser*
conicere	coniciō, coniēcī, coniectum	(zusammen)werfen, folgern, vermuten	*Konjektur*
coniungere	coniungō, coniūnxī, coniūnctum	verbinden, vereinigen	*Konjunktion, Konjunktiv, Konjunktur, i. congiùngere*
coniūnx	coniugis *m/f*	Gatte, Gattin	
coniūrātiō	coniūrātiōnis *f*	Verschwörung	*f. conjuration, i. congiura, s. conjuración*
cōnscius	a, um *(m. Gen.)* *Subst.*	1 bewusst, eingeweiht (in) 2 Teilnehmer, Zeuge	*e. conscious, f. conscient, i. cosciente, s. consciente*
cōnscrībere	cōnscrībō, cōnscrīpsī, cōnscrīptum	aufschreiben, verfassen	
cōnsequī	cōnsequor, cōnsecūtus sum	erreichen, nachfolgen	*konsequent, Konsequenz, Konsekutivsatz*
cōnservāre	cōnservō (ā *m. Abl.*)	retten (vor), bewahren	*konservativ, Konserve, e. to conserve, f. conserver*
cōnsīdere	cōnsīdō, cōnsēdī, cōnsessum	sich setzen, sich niederlassen	
cōnsilium		Beratung, Beschluss, Plan, Rat	*e. to counsel, f. conseil, i. consiglio*
cōnsistere	cōnsistō, cōnstitī	Halt machen, sich aufstellen	*Konsistenz, e. to consist, f. consister*
cōnspectus	cōnspectūs *m*	Anblick, Blickfeld	
cōnspicere	cōnspiciō, cōnspexī, cōnspectum	erblicken	*e. conspicuous, i. cospicuo, s. conspicuo*

C

constituere

convenire

L

Ciceronem multas orationes habuisse *constat*.	Es steht fest, dass Cicero viele Reden gehalten hat.
Oratio e compluribus partibus *constat*.	Eine Rede besteht aus mehreren Teilen.

L

Nonnulli *contendunt* linguam Latinam difficilem esse.	Einige Leute behaupten, dass Latein schwierig sei.
Verba Latina discere *contendamus*!	Wir wollen uns beeilen, die lateinischen Wörter zu lernen!
Liberi *contendunt*, ut verba discant.	Die Kinder strengen sich an, dass sie die Wörter lernen.

L

oraculum *consulere*	das Orakel um Rat fragen
liberis *consulere*	für die Kinder sorgen
in hostes crudeliter *consulere*	grausam gegen die Feinde vorgehen

L

Amicam *convenio*.	Ich besuche meine Freundin.
Amicae *conveniunt*.	Die Freundinnen kommen zusammen.
Pax *convenit* inter hostes.	Friede kommt zwischen den Feinden zu Stande.

Ämter

P

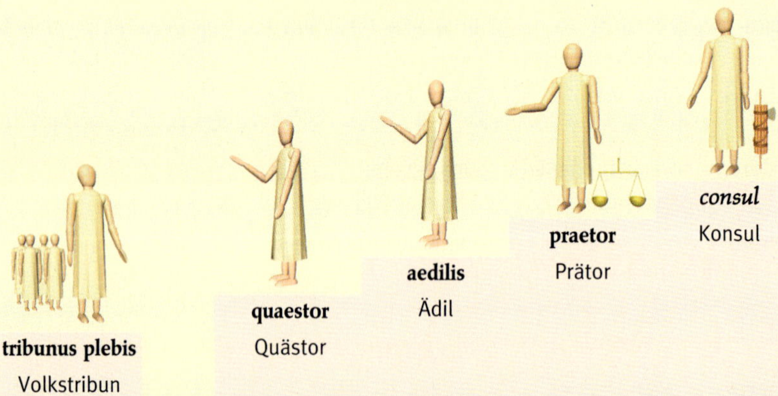

cum-

W

cog-noscere	erkennen, kennen lernen
col-ligere	sammeln
com-mittere	anvertrauen, veranstalten, zustande bringen
con-sumere	verbrauchen, verwenden
cor-ripere	ergreifen, gewaltsam an sich reißen

cōnstāre	cōnstō, cōnstitī ex *m. Abl.*	1 kosten 2 bestehen aus	*konstant, Konstanze,* *i. constare, s. constar*
cōnstat		es ist bekannt, es steht fest	
cōnstituere	cōnstituō, cōnstituī, cōnstitūtum	festsetzen, beschließen	*Konstitution,* *e./f. constitution,* *i. costituzione*
cōnsuēscere	cōnsuēscō cōnsuēvī, cōnsuētum	1 sich gewöhnen (an) 2 *Perf.* gewohnt sein	*Kostüm, e. custom,* *f. coutume, i. costume* *s. costumbre*
cōnsuētūdō	cōnsuētūdinis *f*	Gewohnheit	
cōnsul	cōnsulis *m*	Konsul	*Konsulat, e./f. consul*
cōnsulere	cōnsulō, cōnsuluī, cōnsultum *m. Akk.* *m. Dat.* in *m. Akk.*	 1 um Rat fragen 2 sorgen für 3 vorgehen gegen	*f. conseiller, i. consigliare,* *s. aconsejar*
cōnsūmere	cōnsūmō, cōnsūmpsī, cōnsūmptum	verbrauchen, verwenden	*konsumieren, Konsum,* *e. to consume,* *f. consumer*
contendere	contendō, contendī	1 behaupten 2 eilen 3 sich anstrengen, kämpfen	*e. to contend*
contentus	a, um	zufrieden	*e./f. content, i./s. contento*
continēre	contineō, continuī, contentum (*m. Abl.*)	1 festhalten 2 *Pass.* enthalten sein, beruhen (auf etw.)	*Container, e. to contain,* *f. contenir, i. contenere,* *s. contener*
contingere	contingō, contigī, contāctum	1 berühren 2 gelingen	*Kontingent, Kontakt,* *e./f. contact*
contrā	*m. Akk.* *Adv.*	1 gegen 2 gegenüber	*Kontrast, Konter,* *konträr, kontrastiv*
convenīre	conveniō, convēnī, conventum	besuchen, zusammenkommen, zusammenpassen	*Konvention, Konvent,* *konventionell, f. convenir*

magna *copia* frumenti	ein großer Getreidevorrat
***copia* amicum iuvandi**	die Möglichkeit, dem Freund zu helfen
***copiae* hostium**	die Truppen der Feinde

corpus

N

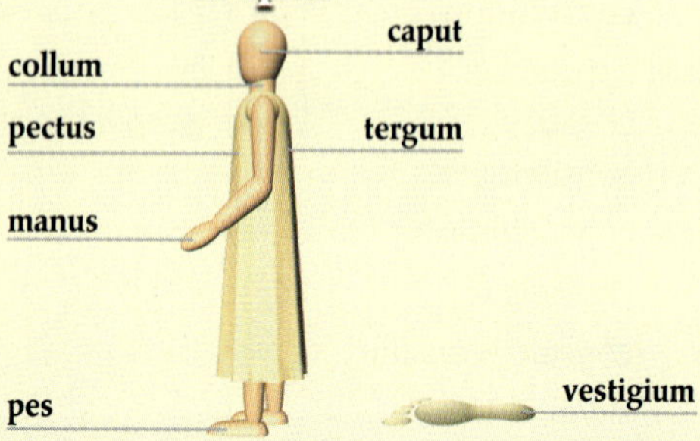

-ium

W

aedific-ium	Gebäude
auxil-ium	Hilfe, *Pl.* Hilfstruppen
benefic-ium	Wohltat
consil-ium	Beratung, Beschluss, Plan, Rat
conviv-ium	Gastmahl, Gelage
exil-ium	Exil, Verbannung
flagit-ium	Gemeinheit, Schandtat
gaud-ium	Freude
imper-ium	Befehl, Befehlsgewalt, Herrschaft, Herrschaftsgebiet
incend-ium	Brand, Feuer
indic-ium	Anzeige, Kennzeichen

Vergehen - Verbrechen

R

facinus	**iniuria**	**flagitium**	***crimen***
Handlung, Untat	Beleidigung, Unrecht	Gemeinheit, Schandtat	Beschuldigung, Vorwurf, Verbrechen
scelus	**coniuratio**	**caedes**	
Verbrechen; Schurke	Verschwörung	Blutbad, Mord	

convertere	convertō, convertī, conversum	verändern, (um)wenden	*konvertieren, Konverter, e. to convert, f. convertir*
convīvium		Gastmahl, Gelage	
convocāre	convocō	versammeln	*f. convoquer, i. convocare, s. convocar*
cōpia		1 Menge, Möglichkeit, Vorrat 2 *Pl.* Truppen	*Kopie, kopieren, e. copy, f. copie*
cor	cordis *n*	Herz	*Courage, f. coeur, i. cuore, s. corazón*
cornū	cornūs *n*	Flügel (des Heeres), Horn	*e. horn, f. corne, i. corno, s. cuerno*
corpus	corporis *n*	Körper, Leichnam	*korpulent, corpus delicti, e. corpse, f. corps*
corripere	corripiō, corripuī, correptum	ergreifen, gewaltsam an sich reißen	
corrumpere	corrumpō, corrūpī, corruptum	bestechen, verderben	*korrupt, Korruption, e. to corrupt, f. corrompre*
crēber	crēbra, crēbrum	häufig, zahlreich	
crēdere	crēdō, crēdidī, crēditum	anvertrauen, glauben	*Credo, Kredit, f. croire, i. crédere, s. creer*
crēscere	crēscō, crēvī	wachsen	*kon-kret, crescendo, e. to increase*
crīmen	crīminis *n*	Beschuldigung, Vorwurf, Verbrechen	*Krimi, Kriminalfall, kriminell, Kriminalität, e./f. crime*
crūdēlis	e	grausam	*e./f./s. cruel, i. crudele*
culpa		Schuld	*i. colpa, s. culpa*
cultus	cultūs *m*	1 Bildung, Lebensweise 2 Pflege, Verehrung	*Kultur, Kult, kultiviert*

D

Parentes liberos *curant*.	Die Eltern sorgen für ihre Kinder.
Parentes liberis provident.	
Parentes liberis consulunt.	

Claudia *cum* Marco amicos exspectat.	Zusammen mit Marcus wartet Claudia auf die Freunde.
Claudia *cum* amicos exspectet, gaudet.	Weil Claudia Freunde erwartet, freut sie sich.
Claudia *cum* amicos exspectat, gaudet.	Immer wenn Claudia Freunde erwartet, freut sie sich.

***cupiditas* vini**	das Verlangen nach Wein
***cupiditas* amici videndi**	der Wunsch, den Freund zu sehen
***cupidus* auri**	gierig nach Gold
memor rerum gestarum	in Erinnerung an die Taten
plenus gaudii	voll Freude

-ia

W

audac-ia	Frechheit, Kühnheit
custod-ia	Gefängnis, Haft, Wache
fiduc-ia	Vertrauen
iniur-ia	Beleidigung, Unrecht
inop-ia	Mangel, Not
invid-ia	Neid
licent-ia	Freiheit, Willkür
memor-ia	Erinnerung, Gedächtnis; Zeit
superb-ia	Stolz, Überheblichkeit

warum

cur
warum

quamobrem
warum

quare
weshalb, wodurch

Strafe

R

poena	Strafe
custodia	Gefängnis, Haft, Wache
vinculum	Band, Fessel; *Pl.* Gefängnis
exilium	Exil, Verbannung
supplicium	flehentliches Bitten; Hinrichtung, Strafe

cum	*m. Abl.*	1 mit, zusammen mit	*i. /s. con*
	Subj. m. Ind.	2 als (plötzlich), (zu der Zeit) als, (immer) wenn	
	Subj. m. Konj.	3 als, nachdem; weil; obwohl; während (dagegen)	
cūnctī	ae, a	alle (zusammen)	
cupere	cupiō, cupīvī, cupītum	verlangen, wünschen	
cupiditās	cupiditātis *f* *(m. Gen.)*	(heftiges) Verlangen (nach), Leidenschaft	*e. cupidity, f. cupidité, i. cupidità*
cupidus	a, um *(m. Gen.)*	(be)gierig (nach)	*f. cupide, i. cupido*
cūr		warum	
cūra		Pflege, Sorge	*Kur, i. cura*
cūrāre	cūrō *(m. Akk.)*	pflegen, sorgen für, besorgen	*kurieren, i. curare*
cūria		Kurie (Sitzungsgebäude des Senats)	
currere	currō, cucurrī, cursum	eilen, laufen	*Kurier, Curriculum, f. courir, i. correre, s. correr*
currus	currūs *m*	Wagen	
cursus	cursūs *m*	Lauf	*Kurs, Diskurs, e. course, f. cours, i. corso, s. curso*
custōdia		Gefängnis, Haft, Wache	
custōs	custōdis *m/f*	Wächter(in)	*Küster, e. custodian, i. custode, s. custodio*

L

Sceleratus caedis *damnatus est.*	Der Verbrecher ist wegen Mordes verurteilt worden.
Sceleratus capitis (capite) *damnatus est.*	Der Verbrecher ist zum Tod verurteilt worden.
Fur pecunia *damnatus est.*	Der Dieb ist zu einer Geldstrafe verurteilt worden.
Vera dicere *debes.*	Du musst die Wahrheit sagen.
Mihi pecuniam *debes.*	Du schuldest mir Geld.
Vires me *deficiunt.*	Die Kräfte gehen mir aus.
Gens a Romanis *deficit.*	Ein Stamm fällt von den Römern ab.

litteris *deditus*	interessiert an der Wissenschaft
somno *deditus*	schlaftrunken, verschlafen, schläfrig

von

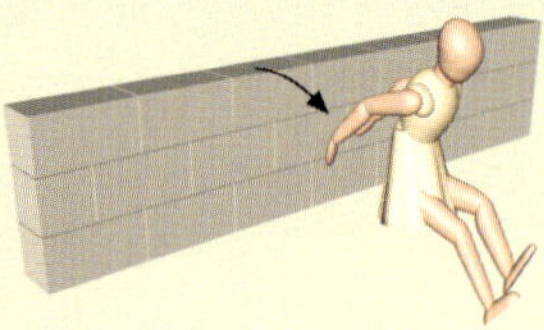

***de* muro**

von der Mauer (herab)

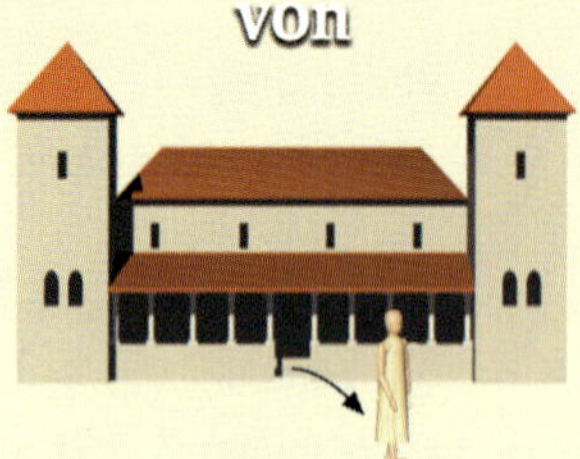

e villa

vom Haus her, aus dem Haus

ab urbe

von der Stadt (her)

***de* liberis narrare**

von den Kindern erzählen

ex iis unus / eorum unus

einer von ihnen

a patre laudari

vom Vater gelobt werden

K

dare	**do**	**dedi**	**datum**	geben
circumdare	**circumdo**	**circumdedi**	**circumdatum**	umgeben
addere	**addo**	**addidi**	**additum**	hinzufügen
condere	**condo**	**condidi**	**conditum**	verwahren, verbergen; erbauen, gründen
credere	**credo**	**credidi**	**creditum**	anvertrauen, glauben
dedere	**dedo**	**dedidi**	**deditum**	ausliefern, übergeben
perdere	**perdo**	**perdidi**	**perditum**	verlieren, verschwenden, zugrunde richten
prodere	**prodo**	**prodidi**	**proditum**	überliefern, verraten
reddere	**reddo**	**reddidi**	**redditum**	etwas zukommen lassen, zurückgeben; jmd. zu etwas machen
tradere	**trado**	**tradidi**	**traditum**	übergeben, überliefern

damnāre	damnō *(m. Gen.)*	verurteilen (wegen)	*e. to damn, f. damner, i. dannare*
dare	dō, dedī, datum	geben	*Datum, Daten, Dativ, i. dare, s. dar*
dē	*m. Abl.*	von, von ... her, von ... herab; über	*f./s. de, i. di/da*
dea		Göttin	*f. déesse, i. dea/diva, s. diosa*
dēbēre	dēbeō	müssen, sollen; schulden	*Debitor, f. devoir, i. dovere, s. deber*
decem	*indekl.*	zehn	*Dezemvirat, Dezember*
dēcernere	dēcernō, dēcrēvī, dēcrētum	beschließen, entscheiden	*Dezernent, Dekret*
decimus	a, um	der zehnte	*Dezimale, Dezimalbruch*
dēdere	dēdō, dēdidī, dēditum	ausliefern, übergeben	
dēdūcere	dēdūcō, dēdūxī, dēductum	hinführen, wegführen	*Deduktion*
deesse	dēsum, dēfuī, dēfutūrum	abwesend sein, fehlen	
dēfendere	dēfendō, dēfendī, dēfēnsum	abwehren, verteidigen	*defensiv, Defensive, e. to defend, f. défendre, i. difendere, s. defender*
dēferre	dēferō, dētulī, dēlātum	hinbringen, melden, übertragen	
dēficere	dēficiō, dēfēcī, dēfectum	1 abnehmen, ermatten	*Defekt, Defizit*
	(ā *m. Abl.*)	2 abfallen (von)	
deinde	*Adv.*	dann, darauf	
dēlectāre	dēlectō	erfreuen, unterhalten	*i. dilettare, s. deleitar*
dēligere	dēligō, dēlēgī, dēlēctum	(aus)wählen	

D

demittere

dicere

***Demisso* in terram vultu Marcus diu tacuit.**	Den Blick auf den Boden gerichtet schwieg Markus lange.
Nonnulli de salute *desperaverunt*.	Manche gaben die Hoffnung auf eine Rettung auf.
Patriam *desidero*.	Ich sehne mich nach der Heimat. (Ich vermisse die Heimat.)
Te amicum *dico*.	Ich nenne dich „Freund“.

de- (W)

de-ducere	hinführen, wegführen
de-ferre	hinbringen, melden, übertragen
de-ficere	abnehmen, ausgehen, abfallen (von)
de-mittere	hinabschicken, sinken lassen
de-ponere	niederlegen, aufgeben
de-scendere	herabsteigen
de-sperare	die Hoffnung aufgeben, verzweifeln

de-a	Göttin
de-us	Gott
div(in)-us	göttlich

Götter (B)

superi – immortales

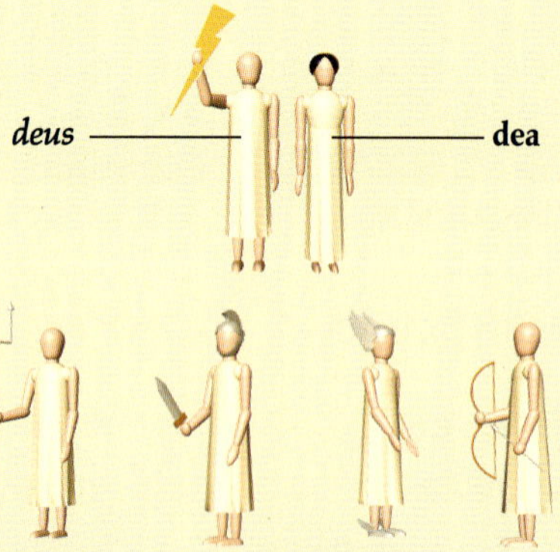

dic-ere	sagen, sprechen; (be)nennen	**dic-tum**	Ausspruch, Wort
		con-dic-io	Bedingung, Lage, Verabredung
in-dic-are	anzeigen, melden	**in-dic-ium**	Anzeige, Kennzeichen
prae-dic-are	behaupten		

(F)

dēmittere	dēmittō, dēmīsī, dēmissum	hinabschicken, sinken lassen	*Demission*
dēmōnstrāre	dēmōnstrō	beweisen, darlegen	*demonstrieren, Demonstrativpronomen, e. to demonstrate, f. démontrer*
dēmum	*Adv.*	endlich	
dēnique	*Adv.*	schließlich, zuletzt	
dēpōnere	dēpōnō, dēposuī, dēpositum	niederlegen, aufgeben	*deponieren, Depot, e. to depose, f. déposer, i. deporrer, s. deponer*
dēscendere	dēscendō, dēscendī, dēscēnsum	herabsteigen	*Deszendenz, e. to descend, f. descendre, i. (di)scendere*
dēserere	dēserō, dēseruī, dēsertum	im Stich lassen, verlassen	*desertieren, Deserteur, e. to desert, f. désert*
dēsīderāre	dēsīderō *m. Akk.*	sich sehnen nach, vermissen	*Desiderat, Désirée, e. to desire, f. désirer, i. desiderare, s. desear*
dēsinere	dēsinō, dēsiī, dēsitum	aufhören	
dēspērāre	dēspērō	die Hoffnung aufgeben, verzweifeln	*Desperado, e. to despair, f. désespérer, i. disperare, s. desesperar*
deus		Gott, Gottheit	*„ade", „adieu", f. Dieu, i. Dio, s. Dios*
dexter	dextra, dextrum (dextera, dexterum)	rechts	*i. destro*
dextera	(manus)	die Rechte, die rechte Hand	
dīcere	dīcō, dīxī, dictum *m. dopp. Akk.*	1 sagen, sprechen 2 (be)nennen	*dichten, diktieren, f./i. dire, s. decir*

D

diem **dicere**	einen Termin ausmachen
in ***diversissima*** **parte terrarum**	im entgegengesetzten Teil der Welt
praedam ***dividere***	die Beute aufteilen

L

Quicumque hoc fecit, praemio ***dignus*** **est.**	Wer auch immer dies getan hat, verdient eine Belohnung.
Quicumque hoc fecit, ***dignus*** **est, qui praemio afficiatur.**	Wer auch immer dies getan hat, verdient, dass er belohnt wird (belohnt zu werden).

F

dign-itas	Ansehen, Würde, (gesellschaftliche) Stellung
dign-us	wert, würdig
in-dign-us	unwürdig

F

di-es	Tag; Termin
ho-di-e	heute
di-u	lange (Zeit)

G

vereri
fürchten,
sich scheuen; verehren

mirari
bewundern,
sich wundern

diligere
hoch achten,
lieben

placere
gefallen

amare
lieben

desiderare
sich sehnen nach,
vermissen

ardere
brennen

dictum		Ausspruch, Wort	*Diktum, e. dictum, i. detto, s. dicho*
diēs	dieī *m*	1 Tag	*„diary", s. día*
	f	2 Termin	
differre	differō, distulī, dīlātum (ā *m. Abl.)*	1 aufschieben 2 sich unterscheiden (von)	*differieren, Differenz, e. to defer, f. différer, i. differire, s. diferir*
difficilis	e	schwierig	*diffizil, e. difficult, f./i. difficile, s. difícil*
dīgnitās	dīgnitātis *f*	1 Ansehen, Würde 2 (gesellschaftliche) Stellung	*e. dignity, f. dignité, i. dignità, s. dignidad*
dīgnus	a, um *(m. Abl.)*	wert, würdig (e. Sache)	*f. digne, i. degno, s. digno*
dīligēns	dīligentis	gewissenhaft, sorgfältig	*e./f. diligent, i./s. diligente*
dīligere	dīligō, dīlēxī, dīlēctum	hoch achten, lieben	
dīmittere	dīmittō, dīmīsī, dīmissum	aufgeben, entlassen	*e. to dismiss, i. dimettere, s. dimitir*
discēdere	discēdō, discessī, discessum	auseinander gehen, weggehen	
discere	discō, didicī	lernen, erfahren	
diū	*Adv.*	lange (Zeit)	
dīversus	a, um	entgegengesetzt, feindlich, verschieden	*divers, e. diverse, f. divers, i./s. diverso*
dīves	dīvitis	reich	
dīvidere	dīvidō, dīvīsī, dīvīsum	teilen, trennen	*dividieren, Division, Dividend, Divisor, Individuum, e. to divide, f. diviser, i. dividere*
dīvīnus / dīvus	a, um	göttlich	*e. divine, f. divin, i./s. divino*

D

docere

dux

L

Dubitasne amicum iuvare?	Zögerst du dem Freund zu helfen?
Non *dubito*, quin amicum iuves.	Ich zweifle nicht daran, dass du dem Freund hilfst.
Mater puerum manu *ducit.*	Die Mutter führt ihr Kind an der Hand.
Te iustum *duco.*	Ich halte dich für gerecht.
Dum spiro, spero. (spirare: atmen)	Solange ich atme, hoffe ich.
Oderint, *dum* metuant!	Sollen sie (mich) hassen, wenn sie (mich) nur fürchten!

K

ducere	duco	duxi	ductum	führen, ziehen; halten für
abducere	abduco	abduxi	abductum	wegführen
adducere	adduco	adduxi	adductum	heranführen, veranlassen
conducere	conduco	conduxi	conductum	zusammenführen, anwerben, mieten
deducere	deduco	deduxi	deductum	hinführen, wegführen
educere	educo	eduxi	eductum	herausführen
inducere	induco	induxi	inductum	(hin)einführen, verleiten
producere	produco	produxi	productum	(vor)führen
reducere	reduco	reduxi	reductum	zurückführen, zurückziehen
subducere	subduco	subduxi	subductum	hinaufziehen, wegnehmen

B

domus

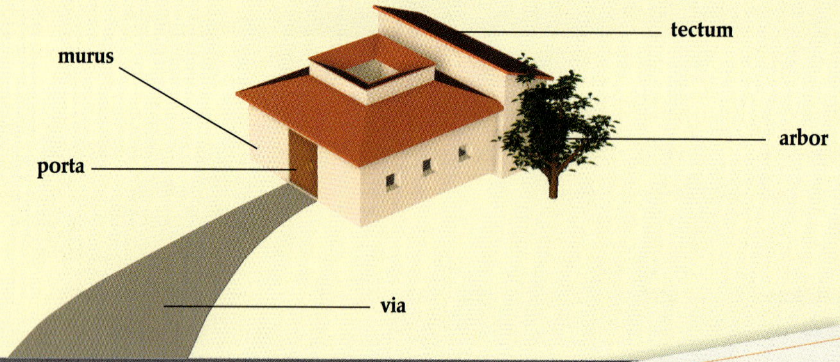

domi	zu Hause, daheim
domum	nach Hause, heim
domo	von zu Hause, von daheim

docēre	doceō, docuī, doctum	lehren, unterrichten	*dozieren, Dozent, Doktor, Dokument*
dolēre	doleō	1 schmerzen, wehtun 2 bedauern	*kon-dolieren, Kon-dolenz, i. dolere, s. doler*
dolor	dolōris *m*	Schmerz	*f. douleur, i. dolore, s. dolor*
dolus		List, Täuschung	
domesticus	a, um	1 privat, zum Haus gehörig 2 einheimisch	*domestizieren, e. domestic, f. domestique, i. domestico, s. doméstico*
dominus		Hausherr, Herr	*dominant, Dominanz, Don Carlos*
domus	domūs *f*	Haus	*Dom, Domizil*
dōnāre	dōnō	schenken	*f. donner, i. donare, s. donar*
dōnum		Geschenk	
dōs	dōtis *f*	Mitgift	
dubitāre	dubitō *(m. Inf.)*	1 zweifeln 2 zögern	*e. to doubt, f. douter, i. dubitare, s. dudar*
dūcere	dūcō, dūxī, ductum *m. dopp. Akk.*	1 führen, ziehen 2 halten für	*Aquä-dukt*
dulcis	e	angenehm, süß	*„Dolce Vita", f. doux, i. dolce, s. dulce*
dum	*Subj. m. Ind.* *Subj. m. Konj.*	1 während, solange, (so lange) bis 2 wenn nur	
duo	duae, duo	zwei	*Duo, dual*
dūrus	a, um	hart	*Dur, dauern, f. dur, i./s. duro*
dux	ducis *m/f*	Anführer(in)	*e. duke, f. duc, i. duca, s. duque*

Non omnia pecunia *effici* possunt.	Nicht alles kann man mit Geld bewirken.
Vir *egregius* invidiam *effugere* non potest.	Ein hervorragender Mann kann dem Neid nicht entkommen.
Ovidius poeta in exilium *eiectus est*.	Der Dichter Ovid ist in die Verbannung getrieben worden.

K

egredi	**egredior**	**egressus sum**	herausgehen, verlassen
aggredi	**aggredior**	**aggressus sum**	angreifen, herangehen
ingredi	**ingredior**	**ingressus sum**	betreten, beginnen
progredi	**progredior**	**progressus sum**	vorrücken, weitergehen

K

emere	**emo**	**emi**	**emptum**	kaufen
sumere	**sumo**	**sumpsi**	**sumptum**	nehmen
consumere	**consumo**	**consumpsi**	**consumptum**	verbrauchen, verwenden

Handel

B

bonum

das Gut

res

Angelegenheit, Ding, Sache

copia

Menge, Möglichkeit, Vorrat

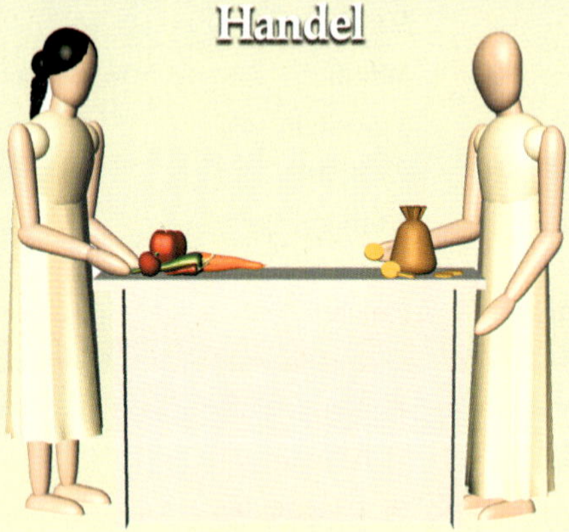

argentum

Silber

pecunia

Geld, Vermögen

pretium

Geld, Preis, Wert

aes

Erz, Geld

probare

beweisen, für gut befinden

constare

feststehen; kosten; bestehen aus

vendere

verkaufen

emere

kaufen

solvere

auflösen, bezahlen, lösen

parvo (magno) constare	wenig (viel) kosten
parvo (magno) *emere*	billig (teuer) kaufen
parvo (magno) vendere	billig (teuer) verkaufen

ē/ex	*m. Abl.*	aus, von ... her	
ecce		schau / schaut, sieh da / seht da!	*i. ecco*
ēdere	ēdō, ēdidī, ēditum	herausgeben, bekannt machen	*edieren, Edition, Editor, e. to edit, f. éditer, s. editar*
ēdūcere	ēdūcō, ēdūxī, ēductum	herausführen	
efferre	efferō, extulī, ēlātum	herausheben, hervorbringen	*Elativ*
efficere	efficiō, effēcī, effectum	bewirken, herstellen	*effizient, Effekt, Koeffizient, e./f. efficient, i. efficiente, s. eficiente*
effugere	effugiō, effūgī, effugitūrum *(m. Akk.)*	entfliehen, entkommen	
egō		ich	*egoistisch, Egoist, Egoismus, e. I, f. je, i. io, s. yo*
ēgredī	ēgredior, ēgressus sum	herausgehen, verlassen	
ēgregius	a, um	ausgezeichnet, hervorragend	*i./s. egregio*
ēicere	ēiciō, ēiēcī, ēiectum	hinauswerfen, vertreiben	*„EJECT"*
ēiusmodī	*indekl.*	derartig, so beschaffen	
emere	emō, ēmī, ēmptum	kaufen	
ēmittere	ēmittō, ēmīsī, ēmissum	entsenden, freilassen	*emittieren, Emittent, Emission*
enim	*Adv.*	nämlich, in der Tat	
eō	*Adv.*	dorthin, deswegen	
epistula		Brief	*Epistel*
eques	equitis *m*	Reiter, Ritter	
equidem		(ich) allerdings, freilich	
equitātus	equitātūs *m*	Reiterei	

L

Ea res aliter *evenit*, ac putaveram.	Diese Sache kam anders, als ich geglaubt hatte.
Bene *evenit*, ut Claudia mihi adsit.	Es trifft sich gut, dass mir Claudia hilft.
***Etiam* melius evenit, ut tu mihi adsis.**	Noch besser trifft es sich, dass du mir hilfst.
Nam *etiam* Claudia errat.	Denn auch (sogar) Claudia irrt sich.

V

et … *et*	sowohl ... als auch
aut … aut	entweder ... oder
vel … vel	entweder ... oder
nec … nec	weder ... noch
neque … neque	weder ... noch
non solum … sed etiam	nicht nur ... sondern auch
non modo … sed etiam	nicht nur ... sondern auch
modo … modo	manchmal ... manchmal
ne … quidem	nicht einmal

K

esse	**sum**	**fui**	sein, sich befinden
abesse	**absum**	**afui**	abwesend sein, fehlen
adesse	**adsum**	**adfui**	da sein, helfen
deesse	**desum**	**defui**	abwesend sein, fehlen
interesse	**intersum**	**interfui**	dazwischen sein; teilnehmen
praeesse	**praesum**	**praefui**	an der Spitze stehen, leiten
superesse	**supersum**	**superfui**	überleben, übrig sein

F

equ-us	Pferd
equ-es	Reiter, Ritter
equ-itatus	Reiterei

M

Militärisches Handeln

exercere	üben, trainieren; quälen
munire	bauen, befestigen, schützen
persequi	verfolgen

fugere	fliehen, meiden
effugere	entfliehen, entkommen
spoliare	berauben, plündern

equus		Pferd	
ergō	*Adv.*	also, deshalb	
ēripere	ēripiō, ēripuī, ēreptum	entreißen	
errāre	errō	(sich) irren	*e. to err, f. errer, i. errare, s. errar*
esse	sum, fuī	sein, sich befinden	*Essenz, essenziell*
et		1 und	*f. et, i./s. e*
	(~ etiam)	2 auch	
et … et		sowohl … als auch	
etiam		1 auch, sogar	
		2 *beim Komparativ:* noch	
etsī		auch wenn, obwohl	
ēvenīre	ēveniō, ēvēnī, ēventum	sich ereignen	*eventuell, „Event"*
ex / ē	*m. Abl.*	aus, von … her	
excēdere	excēdō, excessī, excessum	hinausgehen, weggehen	*exzessiv, Exzess, e. to exceed, f. excéder, i. eccedere, s. exceder*
excipere	excipiō, excēpī, exceptum	aufnehmen, eine Ausnahme machen	*exzeptionell*
excitāre	excitō	erregen, ermuntern, wecken	*e. to excite*
exemplum		Beispiel, Vorbild	*Exempel, Exemplar, e. example, f. exemple, i. esempio, s. ejemplo*
exercēre	exerceō	üben, trainieren; quälen	*exerzieren, Exerzitien, e. to exercise, f. exercer, i. esercitare, s. ejercitar*
exercitus	exercitūs *m*	Heer	*i. esercito, s. ejército*
exigere	exigō, exēgī, exāctum	(ein)fordern, vollenden	*exakt, e. to exact, f. exiger, i. esigere, s. exigir*

E

exilium

extra

e(x)	aus, von ... her
ex-ter	ausländisch
ex-tra	außerhalb (von)

e- / ex-

Grundbedeutung erkennbar:

edere	herausgeben, bekannt machen
educere	herausführen
efferre	herausheben, hervorbringen
effugere	entfliehen, entkommen
egredi	herausgehen, verlassen
eicere	hinauswerfen, vertreiben
emittere	entsenden, freilassen
eripere	entreißen
excedere	hinausgehen, weggehen
excipere	aufnehmen, eine Ausnahme machen
exire	herausgehen
expellere	vertreiben, verbannen
exstinguere	auslöschen, vernichten

Übertragener Gebrauch:

efficere	bewirken, herstellen
evenire	sich ereignen
excitare	erregen, ermuntern, wecken
exercere	üben, trainieren; quälen
exigere	einfordern, vollenden
existimare	einschätzen, meinen
experiri	erfahren, versuchen
exspectare	warten, erwarten

Gewalt anwenden

pugnare	**rapere**	**violare**	**laedere**	**opprimere**
kämpfen	wegführen, rauben, wegreißen	entehren, verletzen	beschädigen, verletzen	bedrohen, niederwerfen unterdrücken
occidere	**interficere**	**necare**	*exstinguere*	
niederschlagen, töten	töten, vernichten	töten	auslöschen, vernichten	

exilium		Exil, Verbannung	*e. exile, f. exil, i. esilio, s. exilio*
exīre	exeō, exiī	herausgehen	*„Exit", i. uscire*
exīstimāre	exīstimō	einschätzen, meinen	
expellere	expellō, expulī, expulsum	vertreiben, verbannen	*e. to expel, f. expulser, i. espellere, s. expulsar*
experīrī	experior, expertus sum	erfahren, versuchen	*experimentieren, Experiment, Experte*
exspectāre	exspectō	warten, erwarten	*e. to expect, i. aspettare*
exstinguere	exstinguō, exstīnxī, exstīnctum	auslöschen, vernichten	*Extinktion, e. to extinguish, f. éteindre, i. estinguere, s. extinguir*
exter	extera, exterum	ausländisch	
extrā	*m. Akk.*	außerhalb (von)	*extra(-), extern*

F

fabula

fides

facile **factu**	leicht zu tun	L
facinus **committere**	eine Untat begehen	
fama **nostrorum avaritiae**	der schlechte Ruf von der Habsucht unserer Leute	

K

facere	**facio**	**feci**	**factum**	machen, tun, handeln
afficere	**afficio**	**affeci**	**affectum**	versehen mit etwas
conficere	**conficio**	**confeci**	**confectum**	fertig machen, beenden
deficere	**deficio**	**defeci**	**defectum**	abnehmen, ausgehen; abfallen (von)
efficere	**efficio**	**effeci**	**effectum**	bewirken, herstellen
interficere	**interficio**	**interfeci**	**interfectum**	töten, vernichten
perficere	**perficio**	**perfeci**	**perfectum**	erreichen, fertig stellen, vollenden

K

ferre	**fero**	**tuli**	**latum**	bringen, tragen; ertragen
afferre	**affero**	**attuli**	**allatum**	bringen, herbeibringen, mitbringen; melden
auferre	**aufero**	**abstuli**	**ablatum**	rauben, wegbringen
conferre	**confero**	**contuli**	**collatum**	vergleichen, zusammentragen
deferre	**defero**	**detuli**	**delatum**	hinbringen, melden, übertragen
differre	**differo**	**distuli**	**dilatum**	aufschieben; sich unterscheiden
efferre	**effero**	**extuli**	**elatum**	herausheben, hervorbringen
inferre	**infero**	**intuli**	**illatum**	hineintragen, zufügen
offerre	**offero**	**obtuli**	**oblatum**	anbieten, entgegenbringen
perferre	**perfero**	**pertuli**	**perlatum**	(über)bringen, ertragen
proferre	**profero**	**protuli**	**prolatum**	(hervor)holen, zur Sprache bringen
referre	**refero**	**rettuli**	**relatum**	(zurück)bringen, berichten
tollere	**tollo**	**sustuli**	**sublatum**	aufheben, in die Höhe heben, wegnehmen

familia

B

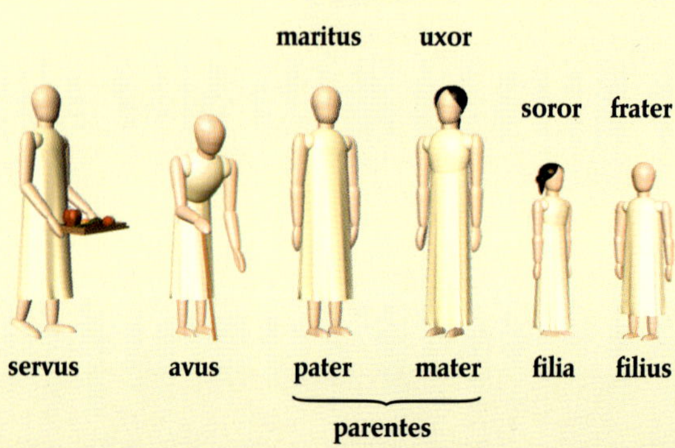

fābula		Erzählung, Geschichte, Theaterstück	*Fabel, fabelhaft*
facere	faciō, fēcī, factum	machen, tun, handeln	*Fazit, Faktor, f. faire, i. fare, s. hacer*
facilis	e	leicht (zu tun)	*e./f./i. facile, s. fácil*
facinus	facinoris *n*	Handlung, Untat	
factum		Handlung, Tat, Tatsache	*Faktum, faktisch, e. fact, f. fait, i. fatto, s. hecho*
fallere	fallō, fefellī	täuschen, betrügen	
falsus	a, um	falsch	*e. false, f. faux, i./s. falso*
fāma		(guter/schlechter) Ruf	*famos, e. famous, f. fameux, i./s. famoso*
famēs	famis *f*	Hunger	*f. faim, i. fame, s. hambre*
familia		Familie, Hausgemeinschaft	*e. family, f./s. famille, i. famiglia*
familiāris	e	1 freundschaftlich, vertraut	*familiär, e./s. familiar, f. familier, i. fami(g)liare*
	Subst.	2 Freund	
fatērī	fateor, fassus sum	bekennen, gestehen	
fātum		Götterspruch, Schicksal	*fatal, e. fate, i. fato*
fēlīx	fēlīcis	erfolgreich, glückbringend, glücklich	*Felix, Felicitas, Felicia, i. felice, s. feliz*
fēmina		Frau	*Femininum, feminin, e. feminine, f. féminin, i. femminile, s. femenino*
ferē	*Adv.*	1 beinahe, fast 2 ungefähr	
ferre	ferō, tulī, lātum	bringen, tragen; ertragen	
ferrum		Eisen; Waffe	*f. fer, i. ferro, s. hierro*
ferus	a, um	wild	*e. fierce, f. fier, i./s. fiero*
fidēs	fideī *f*	Glaube, Treue, Vertrauen, Zuverlässigkeit	*perfide, e. faith, f. foi, i. fede, s. fe*

F

fiducia

fortuna

L

Pons *fit*.	Eine Brücke wird errichtet.
Quo *facto* milites proficiscuntur.	Nachdem dies geschehen ist, (Danach) brechen die Soldaten auf.
Saepe *fit*, ut pueri fleant.	Es geschieht oft, dass Kinder weinen.
***Fieri* potest, ut filia fleat.**	Es ist möglich, dass die Tochter weint. (Möglicherweise weint die Tochter.)
Quid de me *fiet*?	Was wird aus mir werden?

V

foras	heraus, hinaus (*wohin?*)
foris	außerhalb, draußen, im Krieg
fortis	kräftig, tapfer (*Adj.*)
fortiter	kräftig, tapfer (*Adv.*)
forte	zufällig

F

fid-ucia	Vertrauen
fid-es	Glaube, Treue, Vertrauen, Zuverlässigkeit
con-fid-ere	vertrauen

Gebiet

N

ager	***fines***	**regio**
Acker, Feld, Gebiet	Gebiet	Gebiet, Gegend, Richtung

G

flere

tristis

G

ridere

laeta

Schicksal

B

fatum	***fortuna***	**sors**
Götterspruch, Schicksal	Glück, Schicksal	Los, Orakelspruch, Schicksal

fīdūcia		Vertrauen	
fierī	fīō, factus sum	1 gemacht werden 2 geschehen, werden	
fīlia		Tochter	*Filiale, f. fille, i. figlia, s. hija*
fīlius		Sohn	*f. fils, i. figlio, s. hijo*
fingere	fingō, fīnxī, fictum	gestalten, sich (etwas) ausdenken	*fingieren, Fiktion, fiktiv*
fīnis	fīnis *m*	1 Ende, Grenze; Ziel, Zweck 2 *Pl.* Gebiet	*Finale, final, Infinitesimalrechnung, f./s. fin, i. fine*
flāgitium		Gemeinheit, Schandtat	*i. flagizio*
flamma		Feuer, Flamme	*e. flame, f. flamme, i. fiamma, s. llama*
flectere	flectō, flexī, flexum	biegen, (hin)lenken, umstimmen	*flektieren, Flexion, re-flektieren, flexibel, flechten*
flēre	fleō, flēvī, flētum	beklagen, (be)weinen	*flennen*
flūctus	flūctūs *m*	Flut, Strömung	*Fluktuation*
flūmen	flūminis *n*	Fluss	*i. fiume*
fōns	fontis *m*	Quelle, Ursprung	*Fontäne, i. fonte*
forās	*Adv.*	heraus, hinaus *(wohin?)*	
forīs	*Adv.*	außerhalb, draußen, im Krieg *(wo?)*	
fōrma		Form, Gestalt, Schönheit	*formen, Formel, Formation, informieren, transformieren, e. form, f./i./s. forma*
forte	*Adv.*	zufällig	
fortis	e	kräftig, tapfer	*f. fort, i. forte, s. fuerte*
fortūna		Glück, Schicksal	*e./f. fortune, i./s. fortuna*

F

forum

furtum

***fructus* ex arboribus**	Frucht (Ertrag) der Bäume
***fructus* laborum**	Frucht (Nutzen) der Anstrengungen
aquam *fundere*	Wasser ausgießen
hostes *fundere*	die Feinde zerstreuen (in die Flucht schlagen)

F

fug-a	Flucht
fug-ere	fliehen, meiden
ef-fug-ere	entfliehen, entkommen

Forum Romanum

B

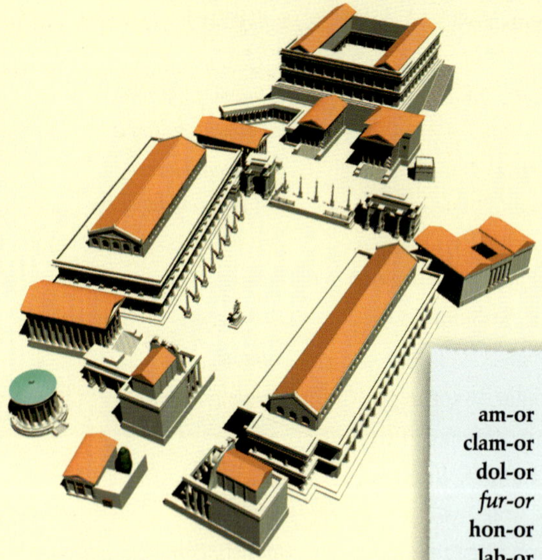

-or

W

am-or	Liebe
clam-or	Geschrei, Lärm
dol-or	Schmerz
fur-or	Wahnsinn, Wut
hon-or	Ehre, Ehrenamt
lab-or	Anstrengung, Arbeit
pud-or	Scham(gefühl); Anstand
tim-or	Angst, Furcht

Religiöse Haltungen und Handlungen

B

religio	**cultus**	**sacrum**	***funus***	**supplicium**
Aberglaube, Glaube, (Gottes-)Verehrung, Frömmigkeit, Gewissenhaftigkeit	Bildung, Lebensweise; Pflege, Verehrung	Heiligtum, Opfer	Begräbnis, Untergang	flehentliches Bitten; Hinrichtung, Strafe

forum		Forum, Marktplatz, Öffentlichkeit	*Forum, e./f. forum, i./s. foro*
frangere	frangō, frēgī, frāctum	zerbrechen *(trans.)*	*Fraktur, Fraktion, Fragment, fragil*
frāter	frātris *m*	Bruder	*Frater, e. brother, f. frère, i. fratello*
frequēns	frequentis	häufig, zahlreich	*Frequenz, frequentieren, e. frequent, f. fréquent, i. frequente, s. frecuente*
frōns	frontis *f*	Stirn, Vorderseite	*Front, frontal, e./f. front, i. fronte, s. frente*
frūctus	frūctūs *m*	Ertrag, Frucht, Nutzen	*Frutti di Mare, Fructose, e./f. fruit, i. frutto, s. fruto*
frūmentum		Getreide	
frūstrā	*Adv.*	vergeblich	*frustriert, Frustration*
fuga		Flucht	*Fuge, Refugium, f. fuite, i./s. fuga*
fugere	fugiō, fūgī	fliehen, meiden	*f. fuir, i. fuggire, s. huir*
fundere	fundō, fūdī, fūsum	(aus)gießen, zerstreuen	*Fusion, Infusion, Konfusion, konfus*
fūnus	fūneris *n*	Begräbnis, Untergang	*e. funeral, f. funérailles, i. funerale, s. funerales*
fūr	fūris *m*	Dieb	
furor	furōris *m*	Wahnsinn, Wut	*Furie, furios, e. fury, f. fureur, i. furore, s. furor*
fūrtum		Diebstahl, Hinterlist	

patres maiorum *gentium*	die Senatoren aus alten (patrizischen) Familienverbänden
Sueborum *gens*	der Stamm der Sueben
omnes homines eius *gentis*	alle Menschen dieses Volkes
***genus* humanum**	das Menschengeschlecht
amplissimo *genere* natus	aus einer sehr bedeutenden Familie stammend
rem publicam *gerere*	(den Staat) regieren
bellum *gerere*	Krieg führen
honeste se *gerere*	sich anständig benehmen
***gratias* agere**	danken

F

gen-s	Familienverband, Stamm, Volk
gen-us	Abstammung, Art, Geschlecht
in-gen-ium	Begabung, Talent

Anerkennung

P

gratia
Ansehen, Beliebtheit; Dank, Gefälligkeit

honor
Ehre, Ehrenamt

gloria
Ehre, Ruhm

gratus
dankbar, willkommen, beliebt

honestus
angesehen, ehrenhaft

amplus
bedeutend, groß, weit

egregius
ausgezeichnet, hervorragend

grandis
alt; bedeutend, groß

G

positiv fühlen

amare
lieben

diligere
hoch achten, lieben

gaudere
sich freuen

sperare
erwarten, hoffen

gaudēre	gaudeō, gāvīsus sum	sich freuen	*i. godere, s. gozar*
gaudium		Freude	*Gaudi, i. gioia, s. gozo*
gemitus	gemitūs *m*	Seufzen, Traurigkeit	
gēns	gentis *f*	Familienverband, Stamm, Volk	*i./s. gente*
genus	generis *n*	Abstammung, Art, Geschlecht	*Genus, Genre, generell, f. genre, i. genere, s. género*
gerere	gerō, gessī, gestum	ausführen, führen, tragen	*Geste, gestikulieren*
gladius		Schwert	*Gladiole, Gladiator*
glōria		Ehre, Ruhm	*glorifizieren, e. glory, f. gloire, i./s. gloria*
grandis	e	alt; bedeutend, groß	*grandios, e./f. grand, i. grande, s. gran(de)*
grātia		1 Ansehen, Beliebtheit 2 Dank, Gefälligkeit	*Grazie, grazil, graziös, gratis, f. grâce*
grātus	a, um	dankbar, willkommen, beliebt	*gratulieren, e. grateful, i./s. grato*
gravis	e	schwer	*gravierend, Gravitation, e./f./i./s. grave*

H

habere

humus

Consules summam potestatem *habebant.*	Die Konsuln hatten die höchste Amtsgewalt.
Multi Pompeium magnum imperatorem *habebant.*	Viele hielten Pompeius für einen bedeutenden Feldherrn.

F

hab-itare	bewohnen, wohnen
hab-ere	haben; halten (für)
pro-hib-ere	abhalten (von), hindern (an)
de-b-ere	müssen, sollen; schulden
prae-b-ere	geben, hinhalten

F

hic	hier
hinc	von hier, hierauf
huc	hierher
ad-huc	bis jetzt, noch

F

hum-anus	gebildet, menschlich
hom-o	Mensch
ne-m-o	niemand

amicus	←→	**inimicus**
Freund, politischer Anhänger		Feind
socius	←→	***hostis***
Gefährte, Verbündeter		Feind (Landesfeind)

Zeit

N

hora — **dies** — **mensis** — **annus** — **saeculum**

habēre	habeō *m. dopp. Akk.*	1 haben, halten 2 halten (für)	*Habit, e. to have, f. avoir, i. avere*
habitāre	habitō	bewohnen, wohnen	*e. to inhabit, f. habiter, i. abitare, s. habitar*
haerēre	haereō, haesī	hängen, stecken bleiben	*kohärent, Kohärenz*
haud		nicht	
hercule(s)		beim Herkules!	
hīc	*Adv.*	hier	
hic	haec, hoc	dieser, diese, dieses (hier)	
hiems	hiemis *f*	Winter, Unwetter	
hinc	*Adv.*	von hier, hierauf	
historia		Forschung, Geschichtsschreibung	*Historie, Historiker, e. history, f. histoire, i. storia, s. historia*
hodiē	*Adv.*	heute	*f. aujourd'hui, s. hoy*
homō	hominis *m*	Mensch	*Homo sapiens*
honestus	a, um	angesehen, ehrenhaft	*e. honest, f. honnête, i. onesto, s. honesto*
honor / honōs	honōris *m*	Ehre, Ehrenamt	*honorieren, Honorar*
hōra		Stunde, Zeit	*Meister Hora, e. hour, f. heure, i. ora, s. hora*
hortārī	hortor, hortātus sum	auffordern, ermahnen	
hospes	hospitis *m*	Fremder, Gast, Gastgeber	*Hospital, Hospiz, Hotel, e. host, f. hôte, i. ospite*
hostis	hostis *m*	Feind (Landesfeind)	
hūc	*Adv.*	hierher	
hūmānus	a, um	gebildet, menschlich	*human, Humanität, e. human, f. humain, i. umano, s. humano*
humus	humī *f*	Erdboden, Erde	*Humus, ex-humieren*

I

iacere

impedire

tela *iactare*	Wurfgeschosse schleudern
carmina poetae *iactare*	die Lieder eines Dichters rühmen
se *iactare*	sich brüsten, angeben
***ignarus* legum**	ohne Kenntnis der Gesetze
me *ignaro*	ohne mein Wissen
omnibus *ignaris*	ohne dass jemand etwas ahnt(e)
non *ignorare*	gut kennen, wohl wissen
Per deos *immortales*!	Bei den unsterblichen Göttern!

V

ille	jener
iste	dieser (da)
is	dieser, er
hic	dieser (hier)
ipse	(er) selbst

F

iac-tare				schleudern; rühmen
adicere	**adicio**	**adieci**	**adiectum**	hinzufügen
conicere	**conicio**	**conieci**	**coniectum**	(zusammen)werfen, folgern, vermuten
eicere	**eicio**	**eieci**	**eiectum**	hinauswerfen, vertreiben
obicere	**obicio**	**obieci**	**obiectum**	darbieten, vorwerfen
subicere	**subicio**	**subieci**	**subiectum**	darunter legen, unterwerfen

ubi

hic	hier
istic	da, dort
ibi	dort
illic	dort

quo

huc	hierher
eo	dorthin, deswegen
illuc	dahin, dorthin

unde

hinc	von hier, hierauf
inde	von dort, darauf, deshalb
undique	von allen Seiten

iacēre	iaceō	liegen	*i. giacere*
iactāre	iactō	schleudern; rühmen	*Injektion, f. jeter, i. gettare, s. echar*
iam	*Adv.*	nun, schon	*f. déjà, i. già, s. ya*
nōn iam	*Adv.*	nicht mehr	
ibī	*Adv.*	dort	*f. y*
īdem	eadem, idem	derselbe, der gleiche	*identisch, Identität*
idōneus	a, um	geeignet, passend	*i. idoneo, s. idóneo*
igitur	*Adv.*	also, folglich	
īgnārus	a, um *(m. Gen.)*	ohne Kenntnis, unwissend	*e. ignorant, f. ignare, i./s. ignaro*
ignis	ignis *m*	Feuer	
īgnōrāre	īgnōrō	nicht kennen, nicht wissen	*Ignorant, e. to ignore, f. ignorer, i. ignorare*
īgnōscere	īgnōscō, īgnōvī, īgnōtum	verzeihen	
īgnōtus	a, um	unbekannt	*e. unknown, f. inconnu, i./s. ignoto*
ille	illa, illud (*Gen.* illīus, *Dat.* illī)	jener, jene, jenes	*f. il/elle (er/sie), le/la (der/die)*
illīc	*Adv.*	dort	
illūc	*Adv.*	dahin, dorthin	
imāgō	imāginis *f*	Abbild, Bild	*Image, Imagination, imaginär, e./f. image*
imitārī	imitor, imitātus sum	nachahmen	*imitieren, Imitation, e. to imitate, f. imiter, i. imitare, s. imitar*
immō	*Adv.*	im Gegenteil, ja sogar	
immortālis	e	unsterblich	*e. immortal, f. immortel, i. immortale, s. inmortal*
impedīre	impediō, impedīvī, impedītum	hindern, verhindern	*e. to impede, f. empêcher, i. impedire, s. impedir*

I

impellere

incertus

ira *impulsus*	aus Zorn
ratione *impulsus*	aus Vernunftgründen
Augusto *imperatore*	unter Kaiser Augustus, als Augustus Kaiser war
Cicerone consule	unter dem Konsulat Ciceros
Caesare duce	unter der Führung Cäsars
Tiberio auctore	auf Veranlassung des Tiberius

L

Dominus servis *imperat.*	Der Herr herrscht über die Sklaven.
Dominus servae *imperat,* ut cenam paret.	Der Herr befiehlt der Sklavin, das Essen vorzubereiten.
Dominus *imperat* cenam parari.	Der Herr ordnet an, dass das Essen vorbereitet wird.
Agmen *incedit.*	Der Heereszug rückt heran.
Timor *incedit.*	Furcht kommt auf.
Timor totam civitatem *incedit.*	Furcht befällt die ganze Bürgerschaft.

-tor

W

auc-tor	Anführer, Gründer, Ratgeber, Verfasser
impera-tor	Befehlshaber, Feldherr; Kaiser
prae-tor	Prätor
vic-tor	Sieger

F

in	*m. Abl.*	in, an, auf, bei
	m. Akk.	in (... hinein) , nach (... hin), gegen
in-ter	*m. Akk.*	unter, während, zwischen
in-ter-ea		inzwischen, unterdessen
in-ter-im		inzwischen
in-tra	*m. Akk.*	innerhalb (von)
in-trare		betreten, eintreten
in-tus		im Inneren, innen

impellere	impellō, impulī, impulsum	antreiben, veranlassen	*Impuls, impulsiv, e. impulse, f. impulsion, i./s. impulso*
imperāre	imperō *(m. Dat.)*	befehlen, herrschen (über)	*Imperativ, i. imperare, s. imperar*
imperātor	imperātōris *m*	Befehlshaber, Feldherr; Kaiser	*e. emperor, f. empereur, i. imperatore*
imperium		Befehl, Befehlsgewalt, Herrschaft, Herrschaftsgebiet	*Imperium, Imperialismus*
impetrāre	impetrō	erreichen, durchsetzen	*f. impétrer, i. impetrare, s. impetrar*
impetus	impetūs *m*	Angriff, Schwung	*Impetus, e. impetus, f. impétueux, i. impeto, s. ímpetu*
impius	a, um	gottlos, gewissenlos	*e. impious, f. impie, i. empio, s. impío*
impōnere	impōnō, imposuī, impositum	auferlegen, einsetzen	*imponieren, e. to impose, f. imposer, s. imponer*
imprīmīs	*Adv.*	besonders, vor allem	
improbus	a, um	schlecht, unanständig	*i./s. improbo*
in	*m. Abl.* *m. Akk.*	1 in, an, auf, bei *(wo?)* 2 in (... hinein), nach (... hin), gegen *(wohin?)*	*e./i. in, f./s. en* *e. into, f./s. en, i. in*
inānis	e	leer, wertlos	*e. inane*
incēdere	incēdō, incessī, incessum *(m. Akk.)*	1 heranrücken, eintreten 2 (jmd.) befallen	
incendere	incendō, incendī, incēnsum	entflammen, in Brand stecken	*f. incendier, s. incendiar*
incendium		Brand, Feuer	*f. incendie, i./s. incendio*
incertus	a, um	ungewiss, unsicher	*e. uncertain, f. incertain, i. incerto, s. incierto*

I

incipere

inire

Laude *indignus* es. ***Indignus* es, qui lauderis.**	}	Du verdienst kein Lob.

D

novum morem in rem publicam *inducere*	einen neuen Brauch im Staat einführen
cives in spem *inducere*	die Bürger zur Hoffnung verleiten
cupiditate *inductus*	aus (in Folge von) heftigem Verlangen
falsa spe *inductus*	aus (in Folge von) falscher Hoffnung
vinum in Latium *inferre*	Wein nach Latium bringen
hostibus bellum *inferre*	mit den Feinden Krieg anfangen (offensiv gegen die Feinde vorgehen)
signa *inferre*	angreifen
dolorem *inferre*	Schmerz zufügen

-bilis

W

in-credi-bilis	(< **credere**)	unglaublich
no -bilis	(< **noscere**)	adelig, berühmt, vornehm

W

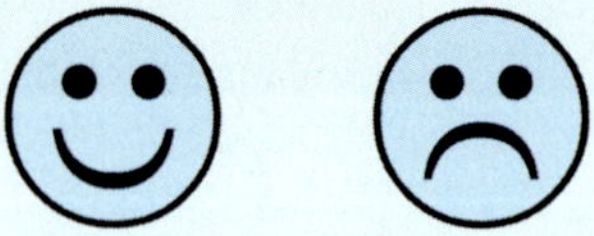

erfolgreich, glückbringend, glücklich	**felix**	↔	**in-felix**	unglücklich
eben, gerecht, gleich	**aequus**		***in-iquus***	ungerecht, ungleich
Freund, politischer Anhänger	**amicus**		***in-imicus***	feindlich; Feind
sicher	**certus**		**in-certus**	ungewiss, unsicher
wert, würdig	**dignus**		***in-dignus***	unwürdig
sterblich	**mortalis**		**im-mortalis**	unsterblich
bekannt	**notus**		**ig-notus**	unbekannt
fromm, gerecht, pflichtbewusst	**pius**		**im-pius**	gottlos, gewissenlos
anständig, gut	**probus**		**im-probus**	schlecht, unanständig

incipere	incipiō, coepī (incēpī), inceptum	anfangen, beginnen	
incolumis	e	unverletzt, wohlbehalten	*i. incolume, s. incólume*
incrēdibilis	e	unglaublich	*e. incredible, f. incroyable, i. incredibile, s. increíble*
inde	*Adv.*	von dort; darauf; deshalb	
indicāre	indicō	anzeigen, melden	*Indikativ, Index, Indikator, e./f. index, i. indice, s. índice*
indicium		Anzeige, Kennzeichen	*Indiz, e. indication, f. indice, i. indizio, s. indicio*
indīgnus	a, um *(m. Abl.)*	unwürdig (e. Sache)	*f. indigne, i. indegno, s. indigno*
indūcere	indūcō, indūxī, inductum	(hin)einführen, verleiten	*Induktion, e. to induce, f. induire, i. indurre, s. inducir*
īnfēlīx	īnfēlīcis	unglücklich	
īnferre	īnferō, intulī, illātum	hineintragen, zufügen	
īnferī	īnferōrum *Pl.*	Bewohner der Unterwelt, Unterwelt	*Inferno, infernalisch*
īnfestus	a, um	feindlich, feindselig	
ingenium		Begabung, Talent	*Ingenieur, i. ingegno, s. ingenio*
ingēns	ingentis	gewaltig, ungeheuer	
ingredī	ingredior, ingressus sum	betreten, beginnen	*Ingredienz, s. ingresar*
inimīcus	a, um *Subst.*	1 feindlich 2 Feind	*e. enemy, f. ennemi, i. nemico, s. enemigo*
inīquus	a, um	ungerecht, ungleich	*i. iniquo, s. inicuo*
inīre	ineō, iniī, initum	hineingehen, beginnen	

Una nox *interest.*	Eine Nacht liegt dazwischen.
Flumen *interest* inter eas civitates.	Ein Fluss liegt zwischen diesen Gemeinden.
Convivio *interero.*	Ich werde am Gastmahl teilnehmen.
Omnium *interest* bene vivere.	Es ist für alle wichtig, gut zu leben.
Hoc et mea magni *interest.*	Dies ist auch für mich sehr wichtig.

Bene *instructi* milites profecti sunt.	Gut ausgerüstet brachen die Soldaten auf.
Liberi bene *instructi* laeti domum eunt.	Nachdem die Kinder gut unterrichtet worden sind, gehen sie fröhlich nach Hause.

in-

Recht	**ius**	↔	*in-iur-ia*	Beleidigung, Unrecht
Hilfe, Kraft; *Pl.* Macht, Mittel, Reichtum	**ops**	↔	*in-op-ia*	Mangel, Not

in-

Grundbedeutung erkennbar:

incedere	heranrücken, eintreten; befallen
inducere	(hin)einführen, verleiten
inferre	hineintragen, zufügen
ingredi	betreten, beginnen
inire	hineingehen, beginnen
imponere	auferlegen, einsetzen

Übertragener Gebrauch:

incendere	entflammen, in Brand stecken
indicare	anzeigen, melden
impellere	antreiben, veranlassen
insequi	unmittelbar folgen, verfolgen
instare	bevorstehen, hart zusetzen
instituere	beginnen, einrichten, unterrichten
instruere	aufstellen, ausrüsten, unterrichten
intueri	anschauen
invenire	finden, erfinden

initium

finis

initium		Anfang, Eingang	*Initiative, e. to initiate, f. initier, i. inizio, s. iniciar*
iniūria		Unrecht, Beleidigung	*e. injury, f. injure, i. ingiuria, s. injuria*
inopia		Mangel, Not	*i. inopia*
inquam	(*3. Ps. Sg.* inquit)	sag(t)e ich	
īnsequī	īnsequor, īnsecūtus sum	unmittelbar folgen, verfolgen	*e. to ensue, i. inseguire*
īnsidiae	īnsidiārum *Pl.*	Falle, Attentat, Hinterlist	
īnstare	īnstō, īnstitī	bevorstehen, hart zusetzen	*Instanz, i. instare, s. instar*
īnstituere	īnstituō, īnstituī, īnstitūtum	beginnen, einrichten, unterrichten	*Institution, Institut, e. to institute, f. instituer, i. istituire, s. instituir*
īnstruere	īnstruō, īnstrūxī, īnstrūctum	aufstellen, ausrüsten, unterrichten	*Instruktion, Instrument, e. to instruct, f. instruire, i. istruire, s. instruir*
īnsula		Insel; Wohnblock	*isolieren, Isolation, e. isle, f. île, i. isola*
intellegere	intellegō, intellēxī, intellēctum	(be)merken, verstehen	*Intellekt, intelligent, Intelligenz*
inter	*m. Akk.*	unter, während, zwischen	*inter-kontinental, intern, f./s. entre, i. tra*
intereā	*Adv.*	inzwischen, unterdessen	
interesse	intersum, interfuī (*m. Dat.*)	1 dazwischen sein 2 teilnehmen	*Interesse, sich interessieren, interessant*
interest	(*m. Gen.*)	es ist wichtig (für jmd.)	
interficere	interficiō, interfēcī, interfectum	töten, vernichten	
interim	*Adv.*	inzwischen	
interrogāre	interrogō	fragen	*Interrogativpronomen, e. to interrogate, f. interroger, i. interrogare*

I

intra

iubere

Dux castra muniri *iussit*.	Der Anführer befahl das Lager zu befestigen. (Der Anführer ließ das Lager befestigen.)
Dux milites castra munire *iussit*.	Der Anführer befahl den Soldaten das Lager zu befestigen. (Der Anführer ordnete an, dass die Soldaten das Lager befestigen.)

D

Domino *invito* servus abiit.	Gegen den Willen des Herrn ging der Sklave weg.
Servus dominae paruit *invitus*.	Der Sklave gehorchte der Herrin ungern.

***Is* vir mihi affuit.**	*Dieser* Mann hat mir geholfen.
Auxilio *eius* servatus sum.	Durch *seine* Hilfe wurde ich gerettet.
Itaque *ei* gratiam debeo.	Daher schulde ich *ihm* Dank.

K

ire	**eo**	**ii**	**itum**	gehen
abire	**abeo**	**abii**	**abitum**	weggehen
adire	**adeo**	**adii**	**aditum**	herantreten (an), bitten
exire	**exeo**	**exii**	**exitum**	herausgehen
inire	**ineo**	**inii**	**initum**	hineingehen, beginnen
perire	**pereo**	**perii**	**periturum**	umkommen, zugrunde gehen
praeterire	**praetereo**	**praeterii**	**praeteritum**	übergehen, vorbeigehen
redire	**redeo**	**redii**	**reditum**	zurückgehen, zurückkehren
subire	**subeo**	**subii**	**subitum**	auf sich nehmen, herangehen
transire	**transeo**	**transii**	**transitum**	durchqueren, hinübergehen, überschreiten

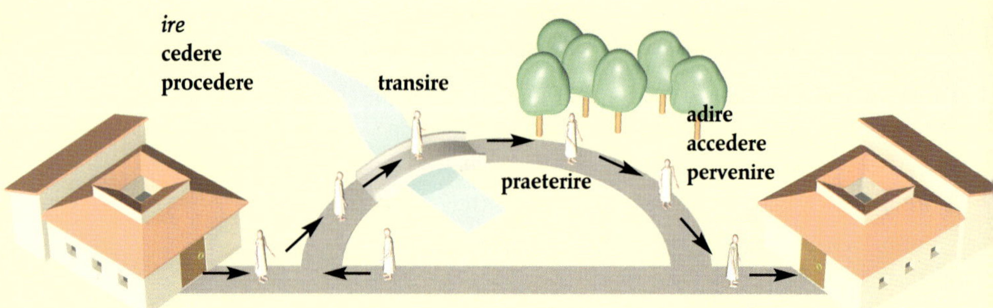

Cicero *ipse*	Cicero persönlich (selbst)
hac *ipsa* nocte	gerade in dieser Nacht

intrā	*m. Akk.*	innerhalb (von)	*intra-venös, i. entro*
intrāre	intrō	betreten, eintreten	*entern, e. to enter, f. entrer, i. entrare, s. entrar*
intuērī	intueor	anschauen	*intuitiv, Intuition*
intus	*Adv.*	im Inneren, innen	
invenīre	inveniō, invēnī, inventum	finden, erfinden	*Inventur, Inventar, e. to invent, f. inventer, i. inventare, s. inventar*
invidia		Neid	*e. envy, f. envie, i. invidia, s. envidia*
invītus	a, um	ungern, gegen den Willen	
ipse	ipsa, ipsum (*Gen.* ipsīus, *Dat.* ipsī)	(er, sie, es) selbst	*i. esso (er), s. ese (dieser, der)*
īra		Zorn	*e. ire, i./s. ira*
īrāscī	īrāscor *(m. Dat.)*	in Zorn geraten, zornig sein (gegen/über)	
īre	eō, iī, itum	gehen	*s. ir*
is	ea, id (*Gen.* eius, *Dat.* eī)	dieser, diese, dieses; er, sie, es	
iste	ista, istud (*Gen.* istīus, *Dat.* istī)	dieser (da)	*f. ce, i. questo, s. este*
istic	*Adv.*	da (bei dir), dort	
ita	*Adv.*	so	
itaque	*Adv.*	deshalb	
item	*Adv.*	ebenso, gleichfalls	
iter	itineris *n*	Reise, Marsch, Weg	
iterum	*Adv.*	wiederum	*iterativ*
iubēre	iubeō, iussī, iussum *(m. Akk.)*	anordnen, befehlen	*Jussiv*

L

rem *iudicare*	eine gerichtliche Entscheidung treffen
verum *iudicare*	ein richtiges Urteil fällen
de homine *iudicare*	über einen Menschen urteilen
hominem (ex) ingenio *iudicare*	einen Menschen nach seiner Begabung beurteilen
locum opportunum *iudicare*	einen Ort als günstig beurteilen (für günstig halten)

equos ad currum *iungere*	Pferde an den Wagen spannen
flumen ponte *iungere*	eine Brücke über den Fluss schlagen (bauen)
naves *iungere*	eine Schiffsbrücke bauen
amicitiā *iunctus*	in Freundschaft verbunden

V

iubeo	ich befehle, ordne an
iungo	ich verbinde, vereinige
iusto	gerecht (*Dat./Abl. Sg. m/n*)
iuvo	ich unterstütze, erfreue
iuro	ich schwöre
iugo	Berg(rücken), Joch (*Dat./Abl. Sg.*)

F

iungere	verbinden, vereinigen
con-iungere	verbinden, vereinigen
con-iunx	Gatte, Gattin

K

iungere	**iungo**	**iunxi**	**iunctum**	verbinden, vereinigen
adiungere	**adiungo**	**adiunxi**	**adiunctum**	hinzufügen, anschließen
coniungere	**coniungo**	**coniunxi**	**coniunctum**	verbinden, vereinigen

F

		in-iur-ia	Beleidigung, Unrecht
Recht	***ius***	***ius-iur-a-ndum***	Eid, Schwur
gerecht	***ius-tus***	***iur-a-re***	schwören
beurteilen, urteilen	***iu-dic-are***	**con-iur-a-tio**	Verschwörung
Gericht, Urteil	***iu-dic-ium***		
Richter	***iu-dex***		

iūcundus	a, um	angenehm, erfreulich	
iūdex	iūdicis *m*	Richter	*e. judge, f. juge, i. giudice, s. juez*
iūdicāre	iūdicō	beurteilen, urteilen	*Judikative, e. to judge, f. juger, i. giudicare, s. juzgar*
iūdicium		Gericht, Urteil	*e. judgement, f. jugement, i. giudizio, s. juicio*
iugum		Berg(rücken), Joch	
iungere	iungō, iūnxī, iūnctum	verbinden, vereinigen	*Junktur, e. to join, s. juntar*
iūrāre	iūrō	schwören	*f. jurer, i. giurare, s. jurar*
iūs	iūris *n*	Recht	*Jura, Jurist, Jurisdiktion, Jurisprudenz*
iūsiūrandum		Eid, Schwur	
iūstus	a, um	gerecht	*Justiz, e. just, f. juste, i. giusto, s. justo*
iuvāre	iuvō, iūvī	unterstützen, erfreuen	
iuvenis	iuvenis *m* *Adj.*	1 junger Mann 2 jung	*e. young, f. jeune, i. giovane, s. joven*
iuventūs	iuventūtis *f*	Jugend	*e. youth, f. jeunesse, i. gioventù, s. juventud*

Avus morbo gravi *laborat*.	Der Großvater leidet an einer schweren Krankheit.
Medici *laborant*, ut homines valeant.	Die Ärzte bemühen sich darum, dass die Menschen gesund sind.

Exercitus flumen *latum* transiit.	Das Heer überschritt den breiten Fluss.
Exercitus hostem a *latere* aggressus est.	Das Heer griff den Feind von der Flanke (Seite) her an.

***legem* ferre**	ein Gesetz beantragen
***leges* duodecim tabularum**	das Zwölftafelgesetz
***leges* pacis**	Friedensbedingungen
ea *lege*, ut	unter der Bedingung, dass

latere	verborgen sein
patere	offen stehen, sich erstrecken

laetus	froh, fruchtbar
latus	Flanke, Seite
lacus	See, Teich

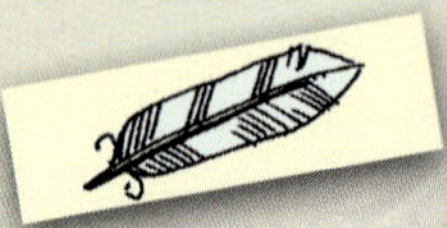

levis	↔	**gravis**
leicht, leichtsinnig		schwer
facilis	↔	**difficilis**
leicht (zu tun)		schwierig

legere	**lego**	**legi**	**lectum**	lesen, auswählen
colligere	**colligo**	**collegi**	**collectum**	sammeln
deligere	**deligo**	**delegi**	**delectum**	(aus)wählen
diligere	**diligo**	**dilexi**	**dilectum**	hoch achten, lieben
intellegere	**intellego**	**intellexi**	**intellectum**	(be)merken, verstehen
neglegere	**neglego**	**neglexi**	**neglectum**	nicht (be)achten, vernachlässigen

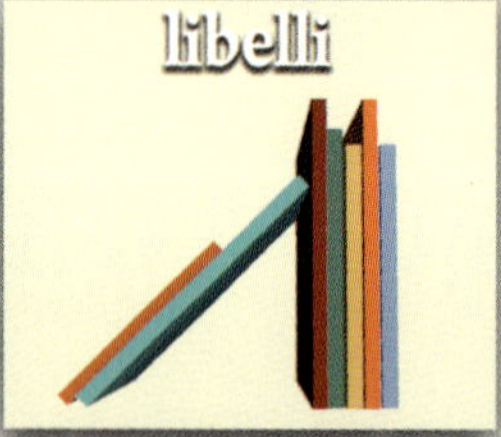

labor	labōris *m*	Anstrengung, Arbeit	*Labor(atorium), i. lavoro*
labōrāre	labōrō (*m. Abl.*)	1 sich anstrengen, arbeiten 2 leiden (an)	*e. to labour, i. lavorare*
lacrima		Träne	*f. larme, i. lacrima, s. lágrima*
lacus	lacūs *m*	See, Teich	*e. lake, f. lac, i./s. lago*
laedere	laedō, laesī, laesum	beschädigen, verletzen	*lädieren, i. ledere*
laetitia		Freude	*i. letizia*
laetus	a, um	froh; fruchtbar	*i. lieto*
latēre	lateō	verborgen sein	*latent*
latus	lateris *n*	Flanke, Seite	*multi-lateral, bi-lateral, i. lato, s. lado*
lātus	a, um	breit, ausgedehnt	
laudāre	laudō	loben	*Laudatio, e. to laud, f. louer, i. lodare*
laus	laudis *f*	Lob, Ruhm	*i. lode*
lectus		Bett, Liegesofa	*f. lit, i. letto*
lēgātiō	lēgātiōnis *f*	Gesandtschaft	*De-legation, e. legation, f. légation, i. legazione*
lēgātus		Bevollmächtigter, Gesandter	*Legat*
legere	legō, lēgī, lēctum	lesen; auswählen	*Lektüre, Lektor, Lektion, f. lire, i. leggere, s. leer*
legiō	legiōnis *f*	Legion (ca. 5 000–6 000 Mann)	*Legionär, e. legion, f. légion, i. legione*
leō	leōnis *m*	Löwe	*e./f. lion, i. leone, s. león*
levis	e	leicht, leichtsinnig	*i. lieve, s. leve*
lēx	lēgis *f*	Gesetz, Bedingung	*legal, legitim, Legislative, f. loi, i. legge, s. ley*
libellus		kleines Buch, Heft	
libēns	libentis	gern	

L

liber

lux

Ciceronis *libri* a nobis leguntur.	Ciceros Bücher werden von uns gelesen.
Homines *liberi* a metu esse volunt.	Die Menschen wollen frei von Furcht sein.
***Liberi* parentibus gratiam debent.**	Die Kinder schulden ihren Eltern Dank.
Nobis *licet* Ciceronis libros legere.	Es ist uns möglich, Ciceros Bücher zu lesen. (Wir können Ciceros Bücher lesen.)
Mihi *libet* alios quoque libros legere.	Es gefällt mir, auch andere Bücher zu lesen. (Ich will auch andere Bücher lesen.)
***Litteras* tuas accepi.**	Ich habe deinen Brief bekommen.
E *litteris* Latinis multa didici.	Aus der lateinischen Literatur habe ich viel gelernt.
Libenter *litteris* me dedi.	Gern habe ich mich mit der Wissenschaft befasst.

***lux (lumen)* solis**	das Sonnenlicht
***lux (lumen)* civitatis**	das Glanzlicht (der Stolz) des Staates
prima *luce*	bei Tagesanbruch
***lumina* amittere**	das Augenlicht verlieren
vita *longa*	ein langes Leben
via *longa*	ein weiter Weg
***longe* abesse**	weit entfernt sein
***longe* maximus**	der weitaus Größte

F

liber-i	Kinder
liber	frei
liber-tas	Freiheit
liber-are	befreien, freilassen

F

sci-lic-et	freilich, natürlich, selbstverständlich
lic-et	es ist erlaubt, es ist möglich
lic-entia	Freiheit, Willkür
pol-lic-eri	versprechen

longus

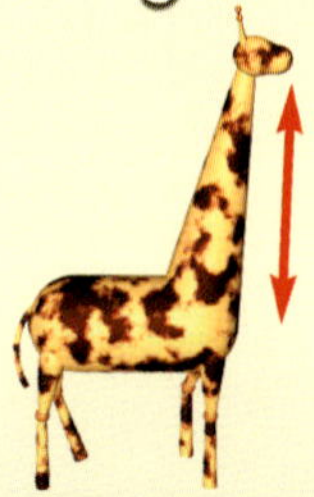

latus

liber	librī *m*	Buch	*Libretto, f. livre, i./s. libro*
līber	lībera, līberum	frei	*Liberalismus, liberal, f./s. libre, i. libero*
līberāre	līberō	befreien, freilassen	*liefern, e. to liberate/ to deliver, f. libérer/ délivrer, i. liberare*
līberī	līberōrum *Pl.*	Kinder	
lībertās	lībertātis *f*	Freiheit	*e. liberty, f. liberté, i. libertà, s. libertad*
libet	libuit	es gefällt	
libīdō	libīdinis *f (m. Gen.)*	(heftiges) Verlangen (nach), Lust, Willkür	*Libido, i. libidine*
licentia		Freiheit, Willkür	*Lizenz, e./f. licence, i. licenza, s. licencia*
licet	licuit	es ist erlaubt, es ist möglich	
lingua		Rede, Sprache	*Linguistik, e. language, f. langue, i. lingua*
littera		1 Buchstabe 2 *Pl.* Brief; Literatur, Wissenschaft	*Letter, Alliteration, e. letter, f. lettre, i. lettera, s. letra*
lītus	lītoris *n*	Küste, Strand	*Lido, i. lido*
locāre	locō	aufstellen, setzen; vermieten	*Lokativ*
locus	(*Pl.* loca, locorum)	Ort, Platz, Stelle	*Lokal, lokal, Lokalisation*
longus	a, um	lang, weit	*e./f. long, i. lungo*
loquī	loquor, locūtus sum	reden, sprechen	*Kolloquium, Eloquenz*
lūctus	lūctūs *m*	Trauer	
lūmen	lūminis *n*	Licht, Auge	*il-luminieren, i. lume*
lūx	lūcis *f*	Licht, Tageslicht	*Luzi-fer, e. light, i. luce, s. luz*

salutem plebis tribunis *mandare*	das Wohlergehen des Volkes in die Hand der Tribunen legen
Ciceroni consulatum *mandare*	Cicero das Konsulat übertragen
servo *mandare*	dem Sklaven einen Auftrag geben
se fugae *mandare*	fliehen
verba memoriae *mandare*	sich die Worte einprägen
verba litteris *mandare*	die Worte aufschreiben

Monumenta Romae adhuc *manent*.	Die Denkmäler Roms haben noch Bestand.
Libri Ciceronis saecula *manent*.	Ciceros Bücher überdauern die Jahrhunderte.
***Mane*!**	Bleib stehen! (Warte!)
Servi dominum *manent*.	Die Sklaven warten auf den Herrn.

malus

schlecht, schlimm	**peior**	
	schlimmer	**pessimus**
		der schlimmste

Schlechte Eigenschaften

acerbus	bitter, grausam, rücksichtslos
crudelis	grausam
improbus	schlecht, unanständig
iniquus	ungerecht, ungleich
levis	leicht, leichtsinnig
malus	schlecht, schlimm
stultus	dumm
superbus	stolz, überheblich

-tudo

W

consue-tudo	Gewohnheit
magni-tudo	Größe
multi-tudo	große Zahl, Menge

magis	*Adv.*	mehr, eher	*s. más*
magistrātus	magistrātūs *m*	1 Amt 2 Beamter	*Magistrat, e. magistrate, f. magistrat, i. magistrato, s. magistrado*
magnitūdō	magnitūdinis *f*	Größe	*e./f. magnitude, i. magnitudine*
magnus	a, um	groß, bedeutend	*„Magnum"*
māior	māiōris	größer	*Majorität, Major, e. major, f. majeur, i. maggiore, s. mayor*
māiōrēs	māiōrum *m Pl.*	Vorfahren	
male	*Adv.*	schlecht, schlimm	*f./s. mal, i. male*
mālle	mālō, māluī	lieber wollen	
malum		Leid, Übel, Unglück	*Malheur, f./s. mal, i. male*
malus	a, um	schlecht, schlimm	*f. mauvais, i./s. malo*
mandāre	mandō	einen Auftrag geben, übergeben	*Mandant, Mandat, kommandieren*
manēre	maneō, mānsī, mānsūrum *m. Akk.*	1 bleiben, warten 2 warten auf	*permanent*
manifestus	a, um	1 offenkundig 2 überführt	*Manifest*
manus	manūs *f*	1 Hand 2 Schar (von Bewaffneten)	*manuell, Manier, f. main, i./s. mano*
mare	maris *n*	Meer	*Marine, maritim, f. mer, i. mare, s. mar*
marītus		Ehemann	*f. mari, i. marito, s. marido*
māter	mātris *f*	Mutter	*e. mother, f. mère, i./s. madre*
mātūrus	a, um	(früh)zeitig, reif	*Matura, e. mature, i. maturo, s. maduro*

M

media in pace	mitten im Frieden
media in insula	mitten auf der Insel (auf der mittleren Insel)
medio in foro	mitten auf dem Forum
patrum *memoriā*	zur Zeit der Väter
duo *milia* passuum	zwei Meilen

L

Maiorum (Maiores) libenter *meminimus*.	Wir erinnern uns gern an die Vorfahren.
***Memini* avum saepe patriam desideravisse.**	Ich denke daran, dass mein Großvater oft seine Heimat vermisst hat.
Exempla, quae supra *memoravi*, delectant.	Die Beispiele, die ich oben erwähnt habe, machen Freude.
Multi *memorant* libros utiles esse.	Viele sagen, dass Bücher nützlich sind.
Libri utiles esse *memorantur*.	Man sagt, dass Bücher nützlich sind. (Bücher sollen nützlich sein.)

F

memor	in Erinnerung an
memor-ia	Erinnerung, Gedächtnis; Zeit
memor-are	erwähnen, sagen

metuere / **timere** / **vereri** , **ne**	fürchten, dass

G

negativ fühlen

- **irasci** – in Zorn geraten; zornig sein (gegen)
- **timere** – Angst haben, fürchten
- *metuere* – (sich) fürchten
- **dolere** – schmerzen, wehtun; bedauern
- **odisse** – hassen

maximē	*Adv.*	am meisten, besonders	
maximus	a, um	der größte, sehr groß	*maximal, Maximum, i. massimo, s. máximo*
mēcum	(~ cum mē)	mit mir	
medius	a, um	der mittlere, in der Mitte (von)	*Medium, e. middle, f. moyen, i./s. medio*
membrum		Glied, Körperteil	*member, f. membre, i. membro, s. miembro*
meminisse *Perf.*	meminī *m. Gen./Akk.* *(m. AcI)*	1 sich erinnern an 2 daran denken	
memor	memoris *m. Gen.*	in Erinnerung an	
memorāre	memorō	erwähnen, sagen	*memorieren*
memoria		1 Erinnerung, Gedächtnis 2 Zeit	*Memoiren, Memory, e. memory, f. mémoire, i./s. memoria*
mēns	mentis *f*	1 Geist, Sinn, Verstand 2 Meinung	*Mentalität, mental, Kommentar, e. mind, i./s. mente*
mēnsis	mēnsis *m*	Monat	*e. month, f. mois, i. mese, s. mes*
mercēs	mercēdis *f*	Lohn	*„merci", i. mercede, s. merced*
metuere	metuō, metuī	(sich) fürchten	
metus	metūs *m*	Angst	*s. miedo*
meus	a, um	mein	*e. my, f. mon, i. mio, s. mío*
mīles	mīlitis *m*	Soldat	*i. militare, s. militar*
mīlitāris	e	Kriegs-, militärisch	*Militär, e. military, f. militaire, i. militare, s. militar*
mīlle	*Sg. indekl.* *Pl.* mīlia, mīlium	tausend	*Millennium, Millimeter, Milligramm, Million*

M

minime

moliri

***Minime* dives sum.**	Ich bin nicht im Mindesten reich.
Hoc mihi *minime* placet.	Das gefällt mir überhaupt nicht.
Te *miror*.	Ich bewundere dich. (Ich wundere mich über dich.)
***Miror* te tam laetum esse.**	Ich wundere mich, dass du so fröhlich bist.

puerum in aquam *mittere*	den Jungen ins Wasser werfen
damnatum in exilium *mittere*	den Verurteilten in die Verbannung schicken
litteras ad regem *mittere*	dem König einen Brief schicken
legatos in Hispaniam *mittere*	Gesandte nach Spanien schicken
legatos de pace *mittere*	wegen eines Friedensschlusses Gesandte schicken
equitatum auxilio *mittere*	die Reiterei zu Hilfe schicken

K

mittere	**mitto**	**misi**	**missum**	(los)lassen, schicken, werfen
admittere	**admitto**	**admisi**	**admissum**	hinzuziehen, zulassen
amittere	**amitto**	**amisi**	**amissum**	aufgeben, verlieren
committere	**committo**	**commisi**	**commissum**	anvertrauen, veranstalten, zustande bringen
demittere	**demitto**	**demisi**	**demissum**	hinabschicken, sinken lassen
dimittere	**dimitto**	**dimisi**	**dimissum**	aufgeben, entlassen
emittere	**emitto**	**emisi**	**emissum**	entsenden, freilassen
omittere	**omitto**	**omisi**	**omissum**	aufgeben, beiseite lassen
permittere	**permitto**	**permisi**	**permissum**	erlauben, überlassen
praemittere	**praemitto**	**praemisi**	**praemissum**	vorausschicken
promittere	**promitto**	**promisi**	**promissum**	versprechen
remittere	**remitto**	**remisi**	**remissum**	zurückschicken, nachlassen, vermindern

hoc *modo*	auf diese Weise
nullo *modo*	keineswegs, keinesfalls

F

eius-mod-i	derartig, so beschaffen
quem-ad-mod-um	auf welche Weise (auch immer), wie
mod-o	eben (noch); nur
mod-us	Art, Weise; Maß
com-mod-us	angemessen, angenehm, günstig
com-mod-um	Bequemlichkeit, Vorteil

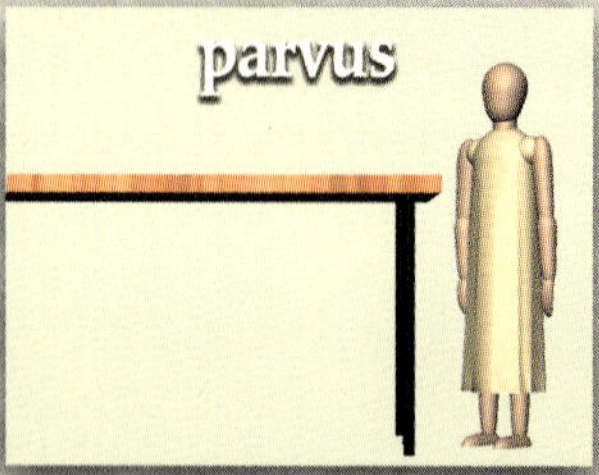

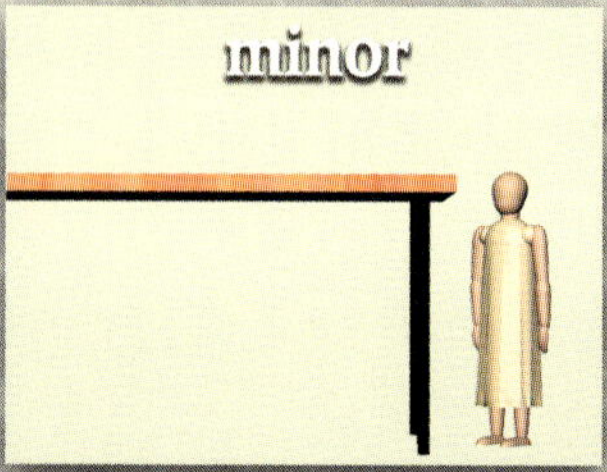

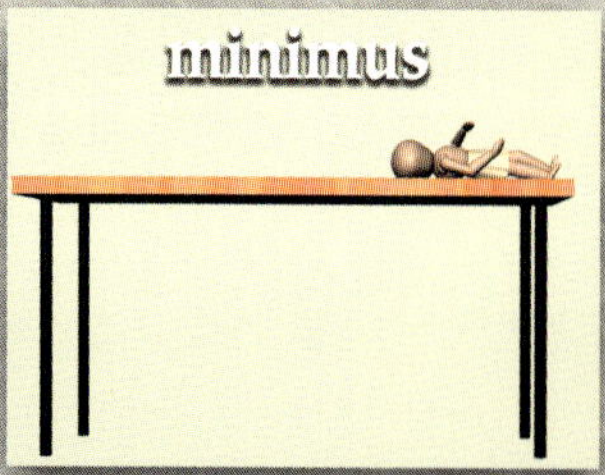

minimē	*Adv.*	am wenigsten, überhaupt nicht	
minimus	a, um	der kleinste, der geringste	*Minimum, minimal, Minimalist, i. minimo, s. mínimo*
minor	minōris	kleiner, geringer	*Minorität, e. minor, f. mineur, i. minore*
minus	*Adv.*	weniger	*minus*
mīrārī	mīror, mīrātus sum	bewundern, sich wundern	*e. to admire, f. admirer, i. ammirare, s. admirar*
mīrus	a, um	1 erstaunlich 2 wunderbar	*Mirakel, „Mirácoli", e. marvellous, f. merveilleux, i. meraviglioso*
miscēre	misceō, miscuī, mixtum	mischen, verwirren	*mixen, Mixtur, Mixer, e. to mix, f. mêler, i. mischiare, s. mezclar*
miser	misera, miserum	arm, erbärmlich, unglücklich	*Misere, miserabel, „Les Misérables", e./s. miserable, f. misérable*
mittere	mittō, mīsī, missum	(los)lassen, schicken, werfen	*Messe, Mission, f. mettre, i. mettere*
modo	*Adv.*	1 eben (noch) 2 nur	
modo … modo		manchmal … manchmal	
nōn modo … sed etiam		nicht nur … sondern auch	
modus		1 Art, Weise 2 Maß	*Modell, Modalität, Mode, e./f. mode, i./s. modo*
moenia	moenium *n Pl.*	(Stadt-)Mauern	
mōlīrī	mōlior, mōlītus sum	1 (an)treiben 2 planen, unternehmen	*de-molieren*

M

mollis

multitudo

L

Dominus servum *monet*, ut properet.	Der Herr mahnt den Sklaven sich zu beeilen.
Dominus servum *monet*, ne diutius moretur.	Der Herr warnt den Sklaven davor, sich zu lange aufzuhalten.

Alius alio *more* vivit.	Jeder lebt nach einer anderen Sitte.
Boni *mores* petendi sunt.	Ein guter Charakter ist erstrebenswert.

castra *movere*	das Lager abbrechen (weiterziehen)
bellum *movere*	Krieg verursachen
odium *movere*	Hass hervorrufen
fatum *movere*	das Schicksal beeinflussen

K

movere	**moveo**	**movi**	**motum**	bewegen
commovere	**commoveo**	**commovi**	**commotum**	bewegen, veranlassen
permovere	**permoveo**	**permovi**	**permotum**	beunruhigen, veranlassen

F

mor-bus	Krankheit
mor-i	sterben
mors, mort-is	Tod
mort-alis	sterblich; Mensch
im-mort-alis	unsterblich

W

-mentum

monu-mentum	Denkmal
fru-mentum	Getreide

V

moror	ich halte (mich) auf
morior	ich sterbe

Menge

copia
multitudo

numerus
vis

mollis	e	1 weich, angenehm 2 freundlich	*Moll, mollig, f. mou/mol, i. molle, s. muelle*
monēre	moneō	1 (er)mahnen 2 warnen (*mit* ne)	*monieren, Monitor*
mōns	montis *m*	Berg	*Mount Everest, e. mount(ain), f. mont, i./s. monte*
monumentum		Denkmal	*Monument, e./f. monument, i./s. monumento*
mora		Aufenthalt, Verzögerung	*i./s. mora*
morārī	moror, morātus sum	(sich) aufhalten	*Moratorium*
morbus		Krankheit	*morbid*
morī	morior, mortuus sum	sterben	*mourir, i. morire, s. morir*
mors	mortis *f*	Tod	*f. mort, i. morte, s. muerte*
mortālis	e *Subst.*	1 sterblich 2 Mensch	*Salto mortale, e. mortal, f. mortel, i. mortale, s. mortal*
mōs	mōris *m*	1 Sitte, Brauch 2 *Pl.* Charakter	*Moral, moralisch*
mōtus	mōtūs *m*	Bewegung	
movēre	moveō, mōvī, mōtum	bewegen	*Motiv, Motor, e. to move, f. mouvoir, i. muovere, s. mover*
mox	*Adv.*	1 bald 2 dann	
mulier	mulieris *f*	Frau	*i. moglie, s. mujer*
multitūdō	multitūdinis *f*	große Zahl, Menge	*e./f. multitude, i. moltitudine, s. multitud*

M

multo

mūtāre

multo **maior**	viel größer
multo **magis**	viel mehr
multo **minus**	viel weniger
multa **bona emere**	viele Waren kaufen
multum **posse/valere**	viel gelten
multum **temporis**	viel Zeit
multum **viae**	eine beträchtliche Wegstrecke

munera **mittere**	Geschenke schicken
munus **gladiatorium dare**	Gladiatorenspiele veranstalten
liber ab omni *munere*	frei von jeder Verpflichtung

Sententiam saepe *mutas.*	Du änderst deine Meinung oft.
Tempora *mutantur.*	Die Zeiten ändern sich.

F

mult-us	viel
mult-o	(um) viel
mult-um	sehr, viel
mult-i-tudo	große Zahl, Menge

F

moen-ia	(Stadt-)Mauern
mun-ire	bauen, befestigen, schützen
mun-itio	Bau, Befestigung
mur-us	Mauer

F

mun-us	Aufgabe, Geschenk
com-mun-is	gemeinsam, allgemein

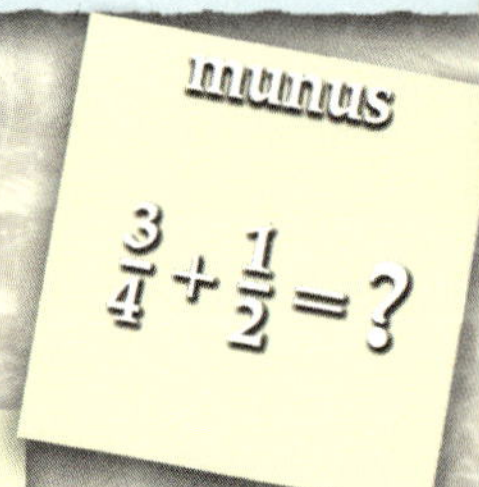

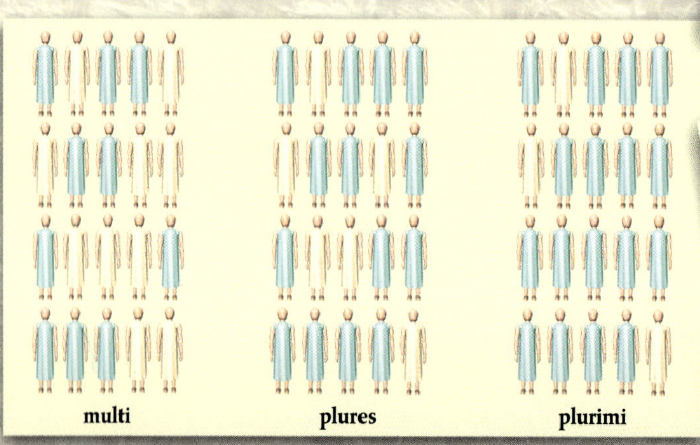

multō	*Adv.*	(um) viel	
multum	*Adv.*	sehr, viel	*i. molto, s. mucho*
multus	a, um	viel	*multiplizieren, multikulturell, i. molto, s. mucho*
mūnīre	mūniō, mūnīvī, mūnītum	bauen, befestigen, schützen	*f. munir, i. munire*
mūnītiō	mūnītiōnis *f*	Bau, Befestigung	*Munition*
mūnus	mūneris *n*	1 Aufgabe 2 Geschenk	
mūrus		Mauer	*f. mur, i./s. muro*
mūtāre	mūtō	(ver)ändern, verwandeln	*sich mausern, f. muter, s. mudar*

N

Scitis*ne* omnia vocabula?	Wisst ihr alle Vokabeln?
Interrogo, pauca*ne* an multa vocabula sciatis.	Ich frage, ob ihr wenig oder viele Vokabeln wisst.

L

***Ne* id credite!**	Glaubt das nicht!
***Ne* me exspectetis!**	Ihr sollt nicht auf mich warten!
***Ne* timueritis!**	Habt keine Angst!
***Ne* philosophus *quidem* omnia scit.**	Nicht einmal der Philosoph weiß alles.
Corpus exerceo, *ne* morbo afficiar.	Ich treibe Sport, damit ich nicht krank werde.
Timeo, *ne* morbo afficiar.	Ich fürchte, dass ich krank werde.

Sperare *necesse est.*	Es ist notwendig zu hoffen.
Homines sperare *necesse est.* **Sperare hominibus *necesse est.***	Es ist notwendig, dass die Menschen hoffen.

-ius

W

egreg-ius	ausgezeichnet, hervorragend
necessar-ius	notwendig
nefar-ius	gottlos, verbrecherisch
reg-ius	königlich
var-ius	bunt, verschieden, vielfältig

F

nex, nec-is	Mord, Tod
nec-are	töten
per-nic-ies	Verderben, Vernichtung

V

necare	töten
negare	leugnen, verneinen, verweigern

werden - vergehen

N

nasci
entstehen, geboren werden

oriri
entstehen, sich erheben

crescere
wachsen

vivere
leben

deficere
abnehmen, ermatten, abfallen von

mori
sterben

perire
zugrunde gehen

occidere
umkommen, untergehen

nam(que)		denn, nämlich	
narrāre	narrō	erzählen	*narrativ, f. narrer, i. narrare, s. narrar*
nāscī	nāscor, nātus sum	entstehen, geboren werden	*naiv, f. naître, i. nascere, s. nacer*
nātiō	nātiōnis *f*	Volk, Volksstamm	*Nation, national, e./f. nation, i. nazione, s. nación*
nātūra		Beschaffenheit, Natur, Wesen	*Naturell, Naturalien, natürlich, e./f. nature, i. natura, s. naturaleza*
nātus/nāta		Sohn/Tochter	*e. native, f. né, i. nato, s. nacido*
nāvis	nāvis *f*	Schiff	*Navigation, i. nave*
-ne	*im indir. Fragesatz*	1 ob	
	im dir. Fragesatz	2 *unübersetzt*	
nē	*im Hauptsatz*	1 nicht *(verneinter Befehl oder Wunsch)*	*f. ne … pas (nicht)*
	Subj. m. Konj.	2 dass nicht, damit nicht	
		3 dass *(nach Ausdrücken des Fürchtens und Hinderns)*	
nē … quidem		nicht ... einmal	
nec/neque		und nicht, auch nicht, nicht einmal	*i. né, s. ni*
nec … nec		weder ... noch	*f. né … ni … ni, i. né … né, s. ni … ni*
necāre	necō	töten	*f. noyer, i. annegare, s. anegar*
necessārius	a, um	notwendig	*Necessaire, e. necessary, f. nécessaire, i. necessario, s. necesario*
necesse (est)		(es ist) notwendig	

N

nefarius

nobilitas

nescio **quis**	irgendjemand
nescio **quid**	irgendetwas

nimis (nimium) – **felix** / **potens** / **neglegens** / **saepe** / **diu** — zu – glücklich / mächtig / nachlässig / oft / lange

Nil ***nimium*****!** / **Ne quid** ***nimis*****!**	Nichts im Übermaß! (Nur keine Übertreibung!)
nimis (nimium) **studere**	sich zu sehr bemühen

non … *nisi* / **nemo** … *nisi* / **nihil** … *nisi* / **nullus** … *nisi*	nur

L

Senator auctoritate ***nititur.***	Der Senator stützt sich (baut) auf sein Ansehen.
Imperator ad (in) gloriam ***nititur.***	Der Feldherr strebt nach Ruhm.
Nititur, **ut laude afficiatur.**	Er strebt danach, gerühmt zu werden.

Tod

N

mors	*nex*	**caedes**	**supplicium**	**pernicies**
Tod	Mord, Tod	Blutbad, Mord	flehentliches Bitten; Hinrichtung, Strafe	Verderben, Vernichtung

ne-

W

ne-scire	nicht wissen
neg-legere	nicht (be)achten, vernachlässigen
neg-otium	Aufgabe, Geschäft; Angelegenheit
ne-(ho)mo	niemand
n-umquam	niemals
n-ullus	kein

nefārius	a, um	gottlos, verbrecherisch	*e. nefarious, s. nefario*
negāre	negō	leugnen, verneinen, verweigern	*negativ, Negation, e. to deny, f. nier, i. negare, s. negar*
neglegere	neglegō, neglēxī, neglēctum	nicht (be)achten, vernachlässigen	*Negligé, e. to neglect, f. négliger, i. negligere*
negōtium		1 Aufgabe, Geschäft 2 Angelegenheit	*f. négoce, i. negozio, s. negocio*
nēmō	nēminis / nūllīus	niemand	
nepōs	nepōtis *m*	Enkel	*Nepotismus, e. nephew, f. neveu*
neque / nec		und nicht, auch nicht, nicht einmal	*i. né, s. ni*
neque … neque		weder … noch	*f. ne … ni … ni, i. né … né, s. ni … ni*
nescīre	nesciō, nescīvī	nicht wissen	
nēve / neu		oder nicht, und nicht	
nex	necis *f*	Mord, Tod	
nī	*Subj.*	wenn nicht	
nihil / nīl		nichts	*Nihilismus, Nihilist*
nimis / nimium	*Adv.*	(all)zu, (all)zu sehr	
nimius	a, um	übermäßig, zu groß	
nisi	*Subj.*	1 wenn nicht 2 *nach Verneinung:* nur	
nītī	nītor, nīxus sum *(m. Abl.)* (ad / in *m. Akk.)*	 1 sich stützen (auf) 2 streben (nach)	 *re-nitent*
nōbilis	e	adelig, berühmt, vornehm	*nobel, e./f./s. noble, i. nobile*
nōbilitās	nōbilitātis *f*	Adel, vornehme Abstammung	*Nobilität, e. nobility, f. noblesse, i. nobiltà, s. nobleza*

N

Noli **timere!**	**~ Ne timueris!**	Hab keine Angst!
Nolite **timere!**	**~ Ne timueritis!**	Habt keine Angst!

Te bene ***novi.***	Ich kenne dich gut.
Cornelia Tito ***nubit.***	Cornelia heiratet Titus.
Viri corpore ***nudo*** **pugnant.**	Die Männer kämpfen ungeschützt.

Catilina rebus ***novis*** **studuit.** **Catilina cupidus rerum** ***novarum*** **erat.**	Catilina erstrebte eine Veränderung der Verhältnisse (einen Umsturz).
novissimum **tempus**	die letzte (jüngste) Zeit
novissimus **dies**	der jüngste Tag
ad multam ***noctem***	bis spät in die Nacht
multa ***nocte***	spät in der Nacht
proxima ***nocte***	in der nächsten Nacht
media ***nocte***	mitten in der Nacht, um Mitternacht

F

no-bilis	adelig, berühmt, vornehm		
no-bili-tas	Adel, vornehme Abstammung		
(g)no-scere	erkennen, kennen lernen	*no-tus*	bekannt
co-gno-scere	erkennen, kennen lernen	**i-gno-tus**	unbekannt
i-gno-scere	verzeihen	**i-gna-rus**	ohne Kenntnis, unwissend
i-gno-rare	nicht kennen, nicht wissen		

reden - sagen - nennen

S

loqui	reden, sprechen	**memorare**	erwähnen, sagen	**dicere**	sagen, sprechen; (be)nennen
		aio	behaupte(te) ich, sag(t)e ich	**appellare**	anrufen, nennen
		inquam	sag(t)e ich	*nominare*	nennen
		proferre	(hervor)holen, zur Sprache bringen	**vocare**	(be)nennen, rufen

B

Marcus	Tullius	Cicero
Gaius	Iulius	Caesar
nomen	**nomen gentile**	**cognomen**
„Vorname“	„Name des Familienverbandes“	„Beiname“

nonnulli	←→	*nulli*
einige, manche		keine

nocturnus	a, um	nächtlich	*Nocturne, e. nocturnal, f. nocturne, i. notturno, s. nocturno*
nōlle	nōlō, nōluī	nicht wollen	*„nolens volens"*
nōmen	nōminis *n*	Name	*Nomen, Pronomen, nominal, e. name, f. nom, i. nome, s. nombre*
nōmināre	nōminō	nennen	*Nominativ, e. to nominate, f. nommer, i. nominare, s. nombrar*
nōn		nicht	*e./s. no, f./i. non*
nōndum		noch nicht	
nōnnūllī	ae, a	einige, manche	
nōs	*Nom.* *Akk.*	wir uns	*f. nous, i. noi, s. nosotros (wir), nos (uns)*
nōscere	nōscō, nōvī, nōtum	erkennen, kennen lernen	
noster	nostra, nostrum	unser	*f. notre, i. nostro, s. nuestro*
nōtus	a, um	bekannt	*Notiz, e. known, f. connu, i./s. noto*
nō(vi)sse	nōvī *Perf.*	kennen, wissen	*e. to know*
novus	a, um	neu, ungewöhnlich	*Novum, renovieren, e. new, f. neuf/nouveau, i. nuovo, s. nuevo*
nox	noctis *f*	Nacht	*e. night, f. nuit, i. notte, s. noche*
nūbere	nūbō, nūpsī, nūptum *m. Dat.*	heiraten	
nūdus	a, um	nackt	*Nudist, e. naked, f. nu, i. nudo, s. desnudo*
nūllus	a, um (*Gen.* nūllīus, *Dat.* nūllī)	kein	*Null, annullieren*

Quaere e Claudia, *num* veniat! **Quaere e Claudia, an veniat!**	Frag Claudia, ob sie kommt!
Venis*ne*?	Kommst du?
***Num* negare audes?**	Wagst du es etwa, nein zu sagen?

***numen* deorum**	der Wille der Götter
simulacra *numinum*	Götterbilder

melden - berichten

nuntiare	melden
afferre	bringen, herbeibringen, mitbringen; melden
deferre	hinbringen, melden, übertragen
referre	zurückbringen, berichten

nub-ere	heiraten
nup-tiae	Hochzeit

nuper
neulich, vor kurzem

→

nunc
jetzt, nun

→

mox
bald, dann

Verneinung

non	nicht
nondum	noch nicht
non iam	nicht mehr
numquam	niemals
nemo	niemand
nullus	kein
ne … quidem	nicht einmal
nihil (nil)	nichts
nec (neque)	und nicht, auch nicht, nicht einmal
nec … nec **neque … neque**	weder ... noch
neve (neu)	oder nicht, und nicht
ne	dass nicht, damit nicht
ni	wenn nicht
nisi	wenn nicht; nur

num	*im dir. Fragesatz* *im indir. Fragesatz*	1 etwa 2 ob	
nūmen	nūminis *n*	Gottheit, göttlicher Wille	*numinos*
numerus		Zahl, Menge	*Nummer, nummerieren, numerisch, e. number, f. nombre/numéro, i. numero, s. número*
numquam	*Adv.*	niemals	*s. nunca*
nunc	*Adv.*	jetzt, nun	*e. now*
nūntiāre	nūntiō	melden	*denunzieren, e. to announce, f. annoncer, i. annunciare, s. anunciar*
nūntius		Bote, Nachricht	*Nuntius, e. nuncio, f. nonce, i. nunzio, s. nuncio*
nūper	*Adv.*	neulich, vor kurzem	
nūptiae	nūptiārum *Pl.*	Hochzeit	*e./f. nuptial*

O

o

officium

cani cibum *obicere*	dem Hund Futter hinwerfen
se hosti *obicere*	dem Feind entgegentreten (sich dem Feind zeigen)
furi crimen *obicere*	dem Dieb das Verbrechen vorwerfen
provinciam *obtinere*	eine Provinz verwalten
regnum *obtinere*	die Herrschaft innehaben
locum *obtinere*	einen Platz einnehmen
sole *occidente*	bei Sonnenuntergang
occisi	die Gefallenen
loco *occulto*	an einem geheimen Ort
itineribus *occultis* uti	geheime Wege benützen
periculum *occultum* habere	eine Gefahr geheim halten

Milites aedificia oppidi *occupant.*	Die Soldaten besetzen die Häuser der Stadt.
Timor exercitum *occupat.*	Angst befällt das Heer.
Exercitus in opere *occupatus* est.	Das Heer ist mit Belagerungsarbeit beschäftigt.

F

curr-us	Wagen	**curs-us**	Lauf
curr-ere	**cu-curr-i**	**curs-um**	eilen, laufen
oc-curr-ere	begegnen, entgegentreten		

memin-isse		sich erinnern, daran denken
od-isse		hassen
consuev-isse	(< **consuescere**)	gewohnt sein
(cog)nov-isse	(< **(cog)noscere**)	kennen, wissen

F

caed-es	Blutbad, Mord
caed-ere	fällen, niederschlagen
oc-cid-ere	niederschlagen, töten

Aufgaben im öffentlichen Leben

P

imperium	Befehl, Befehlsgewalt, Herrschaft, Herrschaftsgebiet
magistratus	Amt, Beamter
munus	Aufgabe; Geschenk
negotium	Aufgabe, Geschäft; Angelegenheit
officium	Dienst, Pflicht(gefühl)

ō(h)		ach, oh	
ob	*m. Akk.*	wegen; für	
obicere	obiciō, obiēcī, obiectum	darbieten, vorwerfen	*Objekt, objektiv, e. to object, f. objecter, i. obiettare, s. objetar*
obscūrus	a, um	dunkel, unbekannt	*obskur, e. obscure, f. obscur*
obsecrāre	obsecrō	anflehen, bitten	*e. to obsecrate, f. absécrer*
obses	obsidis *m/f*	Geisel	
obtinēre	obtineō	(in Besitz) haben, (besetzt) halten	*e. to obtain, f. obtenir, i. ottenere, s. obtener*
occidere	occidō, occidī	umkommen, untergehen	*Okzident*
occīdere	occīdō, occīdī, occīsum	niederschlagen, töten	*i. uccidere*
occultē	*Adv.*	heimlich	
occultus	a, um	geheim, verborgen	*Okkultismus, e. occult, f. occulte, i. occulto, s. oculto*
occupāre	occupō	besetzen, einnehmen	*okkupieren, Okkupation, e. to occupy, f. occuper*
occupātus	a, um (in *m. Abl.*)	beschäftigt (mit)	
occurrere	occurrō, occurrī	begegnen, entgegentreten	*e. to occur, i. occorrere, s. ocurrir*
oculus		Auge	*Okular, okulieren, e. eye, f. oeil, i. occhio, s. ojo*
ōdisse	ōdī *Perf.*	hassen	*„Odel", i. odiare, s. odiar*
odium		Hass	*i./s. odio*
offerre	offerō, obtulī, oblātum	anbieten, entgegenbringen	*offerieren, Offerte, e. to offer, f. offrir, i. off(e)rire, s. ofrecer*
officium		Dienst, Pflicht(gefühl)	*offiziell, Offizier, e./f. office, i. ufficio, s. oficio*

O

omittere — orare

dies *omnino* quinque	insgesamt fünf Tage
***omnino* non dicere**	überhaupt nicht sprechen
***operae* pretium est**	es ist der Mühe wert
***operam* dare**	sich bemühen, zusehen
res *opportuna*	die günstige Lage (Gelegenheit)
tempore *opportuno*	im günstigen (geeigneten) Augenblick
***opportuno* loco**	an geeigneter Stelle

vir aere alieno *oppressus*	ein Mann, der von Schulden bedrängt ist
civitas servitute *oppressa*	eine Bürgerschaft, die durch Sklaverei unterdrückt ist
homines timore *oppressi*	Menschen, die von Angst bedrückt sind
hostes *opprimere*	die Feinde niederwerfen (überwältigen)

dives *opum*	reich an Schätzen
***opes* ingenii**	die Kräfte des Verstandes
summa *ope* niti	mit aller Kraft danach streben
***opem* ferre**	Hilfe bringen
Auxilio nobis *opus est*.	Für uns ist Hilfe nötig. (Wir brauchen Hilfe.)

Unpersönliche Ausdrücke (V)

libet	es gefällt
licet	es ist erlaubt, es ist möglich
opus est	es ist nötig, man braucht
pudet	es beschämt

(F)

in-op-ia	Mangel, Not
c-op-ia	Menge, Möglichkeit, Vorrat; *Pl.* Truppen
op-s	Hilfe, Kraft; *Pl.* Macht, Mittel, Reichtum
op-us	Arbeit, Werk
op-era	Arbeit, Mühe

(V)

opprimere	bedrohen, niederwerfen, unterdrücken
oppugnare	angreifen
occupare	besetzen, einnehmen

(B)

oppidum

urbs

omittere	omittō, omīsī, omissum	aufgeben, beiseite lassen	*e. to omit, f. omettre, i. omettere, s. omitir*
omnīnō	*Adv.*	insgesamt, überhaupt, völlig	
omnis	e	1 ganz, jeder 2 *Pl.* alle	*Omnibus, omni-potent*
onus	oneris *n*	Last	*i. onere*
opera		Arbeit, Mühe	*Oper, Operation, f. oeuvre, i. opera, s. obra*
opīnārī	opīnor	glauben, meinen	*e. to opine, f. opiner, i. opinare, s. opinar*
opīniō	opīniōnis *f*	Meinung, (guter) Ruf	*e./f. opinion, i. opinione, s. opinión*
oportet	oportuit	es gehört sich, es ist nötig	
oppidum		Stadt	
opportūnus	a, um	geeignet, günstig	*Opportunist, e. opportune, f. opportun, i. opportuno, s. oportuno*
opprimere	opprimō, oppressī, oppressum	bedrohen, niederwerfen, unterdrücken	*e. to oppress, f. opprimer, i. opprimere, s. oprimir*
oppūgnāre	oppūgnō	angreifen	
ops	opis *f*	1 Hilfe, Kraft 2 *Pl.* Macht, Mittel, Reichtum	 *opulent*
optāre	optō	wünschen	*Option, adoptieren, e. to opt, f. opter, i. optare, s. optar*
optimus	a, um	der beste, sehr gut	*optimal, Optimist*
opus	operis *n*	Arbeit, Werk	*Opus, f. ouvrage*
opus est	*m. Abl.*	es ist nötig, man braucht	
ōra		Küste	
ōrāre	ōrō	bitten	*Oratorium, i. orare, s. orar*

orbis **terrarum** / *orbis* **terrae**	der Erdkreis (die Welt)
gens per *orbem* **sparsa**	ein über den Erdkreis verstreutes Volk

extra *ordinem*	außer der Reihe
ordine **narrare**	der Reihe nach erzählen
equester *ordo*	der Ritterstand
ordo **agminis**	die Marschordnung

Invidia ex divitiis *oritur.*	Aus Reichtum entsteht Neid.
Clamor *oritur.*	Geschrei erhebt sich.
Sol *oritur.*	Die Sonne geht auf.
Orta **luce** (*Oriente* **sole**) **proficiscemur.**	Bei Tagesanbruch (Sonnenaufgang) werden wir aufbrechen.

Ostende **manum dexteram!**	Zeig deine rechte Hand!
Natura alii aliam viam *ostendit.*	Die Natur zeigt (weist) jedem einen anderen Weg.
Hostes vix se *ostenderunt.*	Die Feinde zeigten sich kaum.
Ostende, **quid tecum ducas!**	Zeig, was du mit dir führst!

-io (W)

leg-io	Legion
reg-io	Gebiet, Gegend, Richtung
relig-io	Aberglaube, Glaube, (Gottes-)Verehrung, Frömmigkeit, Gewissenhaftigkeit
coniurat-io	Verschwörung
legat-io	Gesandtschaft
munit-io	Bau, Befestigung
orat-io	Rede

ōrātiō	ōrātiōnis *f*	Rede	*e. oration*
orbis	orbis *m*	1 Kreis(lauf) 2 Erdkreis, Welt	*Orbit, e. orbit, f. orbite, i. orbita, s. órbita*
ōrdō	ōrdinis *m*	Ordnung, Reihe, Stand	*Orden, Ko-ordinate, (extra)ordinär, e. order, f. ordre, i. ordine, s. orden*
orīrī	orior, ortus sum	entstehen, sich erheben	*Orient*
ōrnāre	ōrnō	ausstatten, schmücken	*Ornat, Ornament, e. to adorn, f. orner, i. ornare, s. (ad)ornar*
ōs	ōris *n*	Gesicht, Mund	*oral*
ostendere	ostendō, ostendī	zeigen, erklären	*ostentativ, e./f. ostentation, i. ostentazione, s. ostentación*
ōtium		1 freie Zeit, Ruhe (von berufl. Tätigkeit) 2 Frieden	*i. ozio, s. ocio*

pari **modo**	auf gleiche Weise
pares **amici**	gleichgesinnte Freunde
virtute *par*	an Tapferkeit gleich
parcere **subiectis**	die Unterworfenen schonen
famae *parcere*	auf den guten Ruf Rücksicht nehmen

L

Scelesti insidias *parabant.*	Die Verbrecher planten ein Attentat.
Imperatorem interficere *parabant.*	Sie hatten vor den Feldherrn zu töten.
Imperator bellum *parabat.*	Der Feldherr rüstete zum Krieg.

ex omnibus *partibus*	von allen Seiten
in tres *partes* **dividere**	in drei Teile teilen
in omnes *partes* **fugere**	in alle Richtungen fliehen

Portae *patent.*	Die Tore stehen offen.
Fines late *patent.*	Das Gebiet erstreckt sich weithin.
Miles vulnera *pati* **non poterat.**	Der Soldat konnte seine Verwundungen nicht ertragen.
Dux suos occidi *passus* **non** *est.*	Der Anführer ließ nicht zu, dass seine Leute umgebracht wurden.

D

multum operae	viel Mühe
parum **temporis**	zu wenig Zeit
tantum pecuniae	so viel Geld
satis praesidii	genügend Schutz
nihil novi	nichts Neues

V

parare	(vor)bereiten, vorhaben; erwerben
párere	zur Welt bringen; schaffen
parēre	gehorchen, sich richten nach

F

pat-er	Vater
pat-rius	heimisch, väterlich
pat-ria	Heimat

multum	**satis**	*parum*
viel	genug	(zu) wenig

F

par-ere	zur Welt bringen, schaffen
par-entes	die Eltern
par-are	(vor)bereiten, vorhaben; erwerben

paene	*Adv.*	fast	*i. pen-isola (Halbinsel)*
palam	*Adv.*	bekannt, in aller Öffentlichkeit	
pār	paris	ebenbürtig, gleich	*Paar, Parität, paritätisch, i. pari, s. par*
parāre	parō	1 (vor)bereiten, vorhaben 2 erwerben	*parat, Apparat, präparieren, reparieren, separat*
parcere	parcō, pepercī *m. Dat.*	schonen, sparen	
parcus	a, um	sparsam	
parēns	parentis *m/f*	1 Vater, Mutter	*e./f. parent, i. parente, s. pariente*
		2 *Pl.* Eltern	*e./f. parents*
pārēre	pāreō, pāruī	gehorchen, sich richten nach	*parieren*
parere	pariō, peperī, partum	zur Welt bringen; schaffen	*i. partorire, s. parir*
pariter	*Adv.*	ebenso, gleichzeitig	
pars	partis *f*	Teil, Seite, Richtung	*Partei, partiell, partikulär, e. part, f. part/partie, i./s. parte*
parum	*Adv.*	(zu) wenig	
parvus	a, um	klein, gering	
passus	passūs *m*	Schritt	*Pass, passieren, f. ne … pas (nicht)*
pater	patris *m*	Vater	*Pater, Patrizier, Patriarch, e. father, f. père, i./s. padre*
patēre	pateō	offen stehen, sich erstrecken	*Patent*
patī	patior, passus sum	(er)leiden, ertragen, zulassen	*Patient, Passiv, Passion*

paulo **ante**	(ein) wenig vorher
paulo **post**	(ein) wenig später
paulo **longius a castris**	ein wenig (etwas) weiter vom Lager entfernt
paulo **procedere**	ein wenig (etwas) vorrücken

per **fines ire**	durch ein Gebiet ziehen
iter *per* **provinciam** *per* **vim facere**	gewaltsam durch die Provinz marschieren
per **nuntios comperire**	durch Boten erfahren
per **se**	von sich aus
per **aetatem**	ein Leben lang
per **multos dies**	viele Tage lang

V

perdere	verlieren, verschwenden, zugrunde richten
pergere	aufbrechen; weitermachen

F

pau-c-i	wenige
pau-l-o	(um) ein wenig
pau-l-um	ein wenig
pau-l-atim	allmählich

V

paulum	ein wenig
parum	(zu) wenig

V

pectus	Brust, Herz
pecus	Vieh

K

pellere	**pello**	**pepuli**	**pulsum**	schlagen, vertreiben
expellere	**expello**	**expuli**	**expulsum**	vertreiben, verbannen
impellere	**impello**	**impuli**	**impulsum**	antreiben, veranlassen
repellere	**repello**	**reppuli**	**repulsum**	zurückstoßen, abweisen, vertreiben

Unglück – unglücklich

G

inopia	Mangel, Not
calamitas	Schaden, Unglück
malum	Leid, Übel, Unglück
res adversae	Unglück

pauper	arm
tristis	traurig, unfreundlich
infelix	unglücklich
miser	arm, erbärmlich, unglücklich

patrēs (cōnscrīptī)	*Pl.*	Senatoren	
patria		Heimat	*f. patrie, i./s. patria*
patrius	a, um	heimisch, väterlich	
paucī	ae, a	wenige	*f. peu, i./s. poco*
paulātim	*Adv.*	allmählich	
paulō	*Adv.*	(um) ein wenig	
paulum	*Adv.*	ein wenig	*f. un peu, i. un po'/ un poco, s. un poco*
pauper	pauperis	arm	*e. poor, f. pauvre, i. povero, s. pobre*
pāx	pācis *f*	Frieden	*Pazifismus, Pazifist, e. peace, f. paix, i. pace*
peccāre	peccō	einen Fehler machen, sündigen	*f. pécher, i. peccare, s. pecar*
pectus	pectoris *n*	Brust, Herz	*Angina pectoris, i. petto, f. poitrine, s. pecho*
pecūnia		Geld, Vermögen	*pekuniär*
pecus	pecoris *n*	Vieh	*i. pecora (Schaf)*
pellere	pellō, pepulī, pulsum	schlagen, vertreiben	*Puls*
per	*m. Akk.*	durch, hindurch	*f. par, i. per, s. para/par*
perdere	perdō, perdidī, perditum	verlieren, verschwenden, zugrunde richten	*f. perdre, i. perdere, s. perder*
perferre	perferō, pertulī, perlātum	(über)bringen, ertragen	
perficere	perficiō, perfēcī, perfectum	erreichen, fertig stellen, vollenden	*perfekt, perfektionieren, Perfektionist*
pergere	pergō, perrēxī	aufbrechen; weitermachen	
perīculum		Gefahr	*i. pericolo, s. peligro*
perīre	pereō, periī, peritūrum	umkommen, zugrunde gehen	*e. to perish, f. périr, i. perire, s. perecer*

in *perpetuum*	für immer
perpetuo	ununterbrochen

L

Tibi *persuasi,* ut me iuvares.	Ich habe dich überredet, dass du mir hilfst (mir zu helfen).
Tibi *persuasi* haec omnia agenda esse.	Ich habe dich überzeugt, dass dies alles getan werden muss.

pacem *petere*	um Frieden bitten
consulatum *petere*	sich um das Konsulat bewerben
templum *petere*	zum Tempel gehen
gloriam *petere*	nach Ruhm streben

F

pet-ere	(auf)suchen, (er)streben, bitten, verlangen
im-pet-us	Angriff, Schwung
per-pet-u-us	dauerhaft, ewig

pes	Fuß
im-ped-ire	hindern, verhindern

K

petere	**peto**	**petivi**	**petitum**	(auf)suchen, (er)streben, bitten, verlangen
appetere	**appeto**	**appetivi**	**appetitum**	haben wollen, erstreben; angreifen
repetere	**repeto**	**repetivi**	**repetitum**	(zurück)verlangen, wiederholen

per-

W

per-movere	beunruhigen, veranlassen	Verstärkung von	**movere**
per-sequi	verfolgen	Verstärkung von	**sequi**
per-terrere	einschüchtern, sehr erschrecken	Verstärkung von	**terrere**
per-turbare	in Verwirrung bringen	Verstärkung von	**turbare**

verunsichern – hindern

turbare	durcheinander bringen, stören
perturbare	in Verwirrung bringen
miscere	mischen, verwirren
permovere	beunruhigen, veranlassen
sollicitare	aufhetzen, beunruhigen, erregen
impedire	hindern, verhindern
prohibere	abhalten (von), hindern (an)

permittere	permittō, permīsī, permissum	erlauben, überlassen	*permissiv, e. to permit, f. permettre, i. permettere, s. permitir*
permovēre	permoveō, permōvī, permōtum	beunruhigen, veranlassen	
perniciēs	perniciēī *f*	Verderben, Vernichtung	
perpetuus	a, um	dauerhaft, ewig	*Perpetuum mobile, e. perpetual, f. perpétuel, i./s. perpetuo*
persequī	persequor, persecūtus sum	verfolgen	*e. to persecute, f. persécuter, i. persegui(ta)re, s. perseguir*
perspicere	perspiciō, perspexī, perspectum	erkennen, genau betrachten, sehen	*Perspektive, i. perspicuo (durchsichtig, deutlich)*
persuādēre	persuādeō, persuāsī, persuāsum *m. Dat.*	jmd. überreden (*mit* ut), überzeugen (*mit* AcI)	*persuasiv, e. to persuade, f. persuader, i. persuadere, s. persuadir*
perterrēre	perterreō	einschüchtern, sehr erschrecken	
pertinēre	pertineō (ad *m. Akk.*)	betreffen, gehören (zu), sich erstrecken (bis)	*e. to pertain*
perturbāre	perturbō	in Verwirrung bringen	*e. to trouble, f. troubler, i. (per)turbare, s. (per)turbar*
pervenīre	perveniō, pervēnī, perventum ad/in *m. Akk.*	kommen zu / nach	*f. parvenir, i. pervenire*
pēs	pedis *m*	Fuß	*Pedal, Expedition, Velozi-ped, e. foot, f. pied, i. piede, s. pie*
pessimus	a, um	der schlimmste	*Pessimist*
petere	petō, petīvī, petītum	(auf)suchen, (er)streben, bitten, verlangen	*Petition, s. pedir*

D

spem in amicitia *ponere*	Hoffnung auf die Freundschaft setzen
simulacrum in curia *ponere*	ein Bild in die Kurie stellen
castra *ponere*	ein Lager aufstellen

F

plebs	(nicht adeliges, einfaches) Volk
plenus	voll (von/mit)
com-plere	anfüllen
plerumque	meistens
plerique	die meisten, sehr viele

-idus

W

cup-idus	(be)gierig (nach)
plac-idus	friedlich, ruhig, sanft

-alis

W

mort-alis	sterblich; Mensch
im-mort-alis	unsterblich

K

ponere	**pono**	**posui**	**positum**	(auf)stellen, (hin)legen, setzen
componere	**compono**	**composui**	**compositum**	abfassen, ordnen, schlichten; vergleichen
deponere	**depono**	**deposui**	**depositum**	niederlegen, aufgeben
imponere	**impono**	**imposui**	**impositum**	auferlegen, einsetzen
proponere	**propono**	**proposui**	**propositum**	darlegen, in Aussicht stellen

pop-ulus	Volk
pub-licus	öffentlich, staatlich

Unregelmäßige Steigerung

bonus	gut	**melior**	besser	**optimus**	der beste, sehr gut
malus	schlecht, schlimm	**peior**	schlimmer	**pessimus**	der schlimmste
magnus	groß, bedeutend	**maior**	größer	**maximus**	der größte, sehr groß
parvus	gering, klein	**minor**	kleiner, geringer	**minimus**	der geringste, der kleinste
multum	sehr, viel	***plus***	mehr	***plurimum***	am meisten, sehr viel
multi	viele	***plures***	mehrere	***plurimi***	sehr viele

senatus *populus*que Romanus

P

pius	a, um	fromm, gerecht, pflichtbewusst	*Pietät, Pius, Pia, e. pious, f. pieux, i. pio, s. pío*
placēre	placeō	gefallen	*e. pleasure, f. plaisir, i. piacere, s. placer*
placet	*m. Dat.*	es gefällt jmd., jmd. beschließt	*„Plazet"*
placidus	a, um	friedlich, ruhig, sanft	*e. placid, f. placide, i. placido, s. plácido*
plēbs	plēbis *f*	(nicht adeliges, einfaches) Volk	*Plebs, Plebejer, e. plebs, f. plèbe, i./s. plebe*
plēnus	a, um *(m. Gen.)*	voll (von / mit)	*Plenum, Plenarsaal, f. plein, i. pieno*
plērīque	plēraeque, plēraque	die meisten, sehr viele	
plērumque	*Adv.*	meistens	
plūrēs	plūrium	mehr(ere)	
plūrimī	ae, a	sehr viele	*f. la plupart, i. più*
plūrimum	*Adv.*	am meisten, sehr viel	
plūs	plūris	mehr	*plus, Plural, f. plus, i. più*
poena		Strafe	*Pein, e. penalty*
pollicērī	polliceor, pollicitus sum	versprechen	
pōnere	pōnō, posuī, positum	(auf)stellen, (hin)legen, setzen	*Posten, Post, Position, Dis-position, Exponent, opponieren, Opposition*
pōns	pontis *m*	Brücke	*f. pont, i. ponte, s. puente*
populus		Volk	*Pöbel, Population, e./f. population, i. popolazione, s. población*
porta		Tor	*Pforte, Portal, f. porte, i. porta, s. puerta*
portāre	portō	bringen, tragen	*Porto, exportieren, importieren, transportieren, i. portare*

postero **die**	am nächsten Tag
in *posterum*	für die Zukunft, künftig
posteri	die Nachkommen

F

port-a	Tor
port-are	bringen, tragen
port-us	Hafen
op-port-unus	geeignet, günstig

fordern – veranlassen – befehlen

P

poscere	fordern, verlangen
postulare	fordern
impellere	antreiben, veranlassen
excitare	erregen, ermuntern
movere	bewegen
commovere	bewegen, veranlassen
permovere	beunruhigen, veranlassen
praecipere	(be)lehren, vorschreiben
imperare	befehlen, herrschen (über)
iubere	anordnen, befehlen
cogere	(ver)sammeln, zwingen

Einfluss – Macht

P

auctoritas	Ansehen, Einfluss, Macht
dignitas	Ansehen, Würde; (gesellschaftliche) Stellung
vis	Gewalt, Kraft, Menge; *Pl.* Streitkräfte
opes	Macht, Mittel, Reichtum
imperium	Befehl, Befehlsgewalt, Herrschaft, Herrschaftsgebiet
regnum	(Königs-)Herrschaft, Reich
potentia	Macht
potestas	(Amts-)Gewalt, Macht; Möglichkeit

Temporale Subjunktionen

priusquam
m. Ind.: bevor, eher als

postquam
m. Ind.: nachdem

ubi
m. Ind.: sobald

ut
m. Ind.: sobald, sooft

cum
m. Ind.: als (plötzlich), (zu der Zeit) als, (immer) wenn
m. Konj.: als, nachdem

dum
m. Ind.: während, solange, (so lange) bis

portus	portūs *m*	Hafen	*e./f. port, i. porto, s. puerto*
poscere	poscō, poposcī	fordern, verlangen	
positus	a, um	gelegen *(bei Ortsangaben)*	
posse	possum, potuī	können	*f. pouvoir, i. potere, s. poder*
possidēre	possideō, possēdī, possessum	besitzen	*Possessivpronomen, e. to possess, f. posséder, i. possedere, s. poseer*
post	*m. Akk.* *Adv.*	1 hinter, nach 2 dann, später	*Postmoderne, Postposition*
posteā	*Adv.*	nachher, später	*f. puis, i. poi, s. después*
posterī	posterōrum *Pl.*	Nachkommen	*e. posterity, f. postérité, i. posterità, s. posteridad*
posterus	a, um	folgend	
postquam	*Subj. m. Ind.*	nachdem, als	
postrēmō	*Adv.*	1 kurz (gesagt) 2 schließlich	
postrēmus	a, um	der letzte	
postulāre	postulō	fordern	*postulieren, Postulat, e. to postulate, i. postulare*
pote est		es ist möglich	
potēns	potentis	mächtig, stark	*potent, e. potent, f. puissant, i. potente, s. potente/poderoso*
potentia		Macht	*Potenz, e. potency, f. puissance, i. potenza, s. potencia*
potestās	potestātis *f*	1 (Amts-)Gewalt, Macht 2 Möglichkeit	*i. potestà/podestà, s. potestad*
potior	potiōris	besser, wichtiger	
potius	*Adv.*	eher, lieber	
praebēre	praebeō	geben, hinhalten	

P

se praebere

praeterire

Cicero legatis *praecepit*, ut proficiscerentur.	Cicero befahl den Gesandten aufzubrechen.
Tibi nihil *praecipio*.	Ich mache dir keine Vorschriften.

patre	***praesente***	in Anwesenheit	des Vaters
	ignaro	ohne Wissen	
	invito	gegen den Willen	
	vivo	zu Lebzeiten	

L

omnibus virtute *praestare*	alle an Tapferkeit übertreffen
officium *praestare*	seine Pflicht erfüllen
virtutem *praestare*	Tapferkeit zeigen

D

equitatui *praeesse*	die Reiterei befehligen (kommandieren)
provinciae *praeesse*	die Provinz verwalten

F

prae-da	Beute
com-pre-hendere	begreifen, ergreifen, festnehmen
re-pre-hendere	kritisieren, wieder aufgreifen
pre-hendere	ergreifen, nehmen

Strategische Einrichtungen

M

castra	Lager
praesidium	(Wach-)Posten, Schutztruppe
vigilia	Nachtwache, (Wach-)Posten
legatio	Gesandtschaft
auxilia	Hilfstruppen

Beute

M

praeda

captivi

sē praebēre		sich zeigen	
praeceps	praecipitis	1 steil 2 schnell, überstürzt	
praecipere	praecipiō, praecēpī, praeceptum	(be)lehren, vorschreiben	
praeclārus	a, um	großartig	
praeda		Beute	*e. prey, f. proie, i. preda*
praedicāre	praedicō	behaupten	*Prädikat, predigen*
praeesse	praesum, praefuī *m. Dat.*	an der Spitze stehen, leiten	
praeferre	praeferō, praetulī, praelātum	vorziehen	*präferieren, Präferenz, e. to prefer, f. préférer, i. preferire, s. preferir*
praemittere	praemittō, praemīsī, praemissum	vorausschicken	
praemium		Belohnung, Lohn	*Prämie, e. premium, f. prime, i./s. premio*
praesēns	praesentis	anwesend, gegenwärtig	*präsent, Präsenz, Präsens, präsentieren, e. present, f. présent, i./s. presente*
praesertim (cum)		besonders (da / weil)	
praesidium		(Wach-)Posten, Schutztruppe	*Präsidium, Präsident*
praestāre	praestō, praestitī		
	m. Akk.	1 gewähren, leisten, zeigen	
	m. Dat.	2 übertreffen	
praeter	*m. Akk.*	außer	
praetereā	*Adv.*	außerdem	
praeterīre	praetereō, praeteriī, praeteritum	übergehen, vorbeigehen	*Präteritum*

P

operae *pretium* **est**	es ist der Mühe wert
neque *pretio* **neque gratiā**	weder durch Geld noch durch persönlichen Einfluss

ut *primum* / **ubi** *primum* / **cum** *primum*	sobald (als)
quam *primum*	möglichst bald
prima **nocte**	bei Einbruch der Dunkelheit
prima **luce**	bei Sonnenaufgang
prima **vigilia**	zur Zeit der ersten Nachtwache
primum **agmen**	die Vorhut
pro **portis castrorum**	vor den Toren des Lagers
pro **patria pugnare**	für die Heimat kämpfen
pro **virtute**	an Stelle von Tapferkeit
pro **mea consuetudine**	meiner Gewohnheit entsprechend

Temporaladverbien

nuper	**ante**	**antea**	*primo*	*primum*	*prius*
neulich, vor kurzem	vorher	vorher, früher	zuerst	erstens, zuerst, zum ersten Mal	früher, zuerst
iam	**nunc**	**subito**	**statim**	**simul**	
nun, schon	jetzt, nun	plötzlich	auf der Stelle, sofort	gleichzeitig, zugleich	
deinde	**tum**	**tunc**	**post**	**postea**	**postremo**
dann, darauf	da, damals, dann, darauf	damals, dann	dann, später	nachher, später	kurz (gesagt), schließlich

pro	vor; an Stelle von, für; entsprechend
pro-b-are	beweisen, für gut befinden
pro-b-us	anständig, gut
im-pro-b-us	schlecht, unanständig
pro-cul	von fern, weit weg

F

praetor	praetōris *m*	Prätor	
precārī	precor	bitten	*e. to pray, f. prier, i. pregare*
prehendere	prehendō, prehendī, prehēnsum	ergreifen, nehmen	*f. prendre, i. prendere, s. prender*
premere	premō, pressī, pressum	(unter)drücken, bedrängen	*Presse, Pression, Expressionismus, Depression, e. to press, f. presser, i. premere*
pretium		Preis, Wert, Geld	*Preziosen, e. price, f. prix, i. prezzo, s. precio*
prex	precis *f*	Bitte	*e. prayer, f. prière, i. preghiera, s. plegaria*
prīmō	*Adv.*	zuerst	*i. (dap)prima, s. primero*
prīmum	*Adv.*	erstens, zuerst, zum ersten Mal	
prīmus	a, um	der erste	*Primus, prima, Primaten, Primel, primitiv, e. prime, f. premier, i. primo*
prīnceps	prīncipis *m*	der Erste, der führende Mann	*Prinz, e./f. prince, i. principe, s. príncipe*
prior	priōris	der erste, der frühere	*Prior, Priorität*
prīstinus	a, um	früher	
prius	*Adv.*	früher, zuerst	
priusquam	*Subj. m. Ind.*	bevor, eher als	
prīvātus	a, um *Subst.*	1 persönlich, privat 2 Privatperson	*e. private, f. privé, i. privato, s. privado*
prō	*m. Abl.*	1 vor 2 an Stelle von, für 3 entsprechend	*pro-, f. pour, s. por*
probāre	probō	beweisen, für gut befinden	*probieren, f. éprouver/prouver, i. provare, s. probar*
probus	a, um	anständig, gut	*f. probe, i./s. probo*

procul **a patria**	fern von der Heimat
procul **urbem conspicere**	von fern die Stadt erblicken
memoriae *prodere*	(geschichtlich) überliefern
consilium *prodere*	einen Plan verraten

proinde **ac si** *proinde* **ut** *proinde* **quasi**	gleich als ob, gerade wie wenn

Barbari nostros navibus egredi ***prohibebant.***	Die Barbaren verhinderten, dass unsere Leute die Schiffe verließen. (Die Barbaren hinderten unsere Leute am Verlassen der Schiffe.)
Caesar Helvetios itinere ***prohibiturus erat.***	Cäsar wollte die Helvetier an der Auswanderung hindern.

pro-

W

Grundbedeutung erkennbar

procedere	(vorwärts)gehen, vorrücken
producere	(vor)führen
proferre	(hervor)holen, zur Sprache bringen
progredi	vorrücken, weitergehen
proponere	darlegen, in Aussicht stellen
providere	vorhersehen; sorgen für; dafür sorgen (dass)

Übertragener Gebrauch

prodere	überliefern, verraten
prohibere	abhalten (von), hindern (an)
promittere	versprechen
prospicere	schauen auf, sehen

eilen - laufen

properare	eilen, sich beeilen
volare	eilen, fliegen
currere	eilen, laufen
contendere	behaupten; eilen; sich anstrengen, kämpfen
vehi	sich fortbewegen, fahren
fugere	fliehen, meiden

F

bene-fic-ium	Wohltat
fac-inus	Handlung, Untat
fac-tum	Handlung, Tat, Tatsache
fac-ere	machen, tun, handeln
fac-ilis	leicht (zu tun)
dif-fic-ilis	schwierig

pro-fic-isci	(ab)reisen, aufbrechen
pro-fec-to	sicherlich, tatsächlich

prōcēdere	prōcēdō, processī	(vorwärts)gehen, vorrücken	*Prozession, Prozess, e. to proceed, f. procéder, i. procedere, s. proceder*
procul	*Adv.*	von fern, weit weg	
prōdere	prōdō, prōdidī, prōditum	überliefern, verraten	
prōdūcere	prōdūcō, prōdūxī, prōductum	(vor)führen	*produzieren, Produktion, Produkt, e. to produce, f. produire, i. produrre*
proelium		Kampf, Schlacht	
profectō	*Adv.*	sicherlich, tatsächlich	
prōferre	prōferō, prōtulī, prōlātum	(hervor)holen, zur Sprache bringen	
proficīscī	proficīscor, profectus sum	(ab)reisen, aufbrechen	
prōgredī	prōgredior, progressus sum	vorrücken, weitergehen	*progressiv, Progression, e. to progress, f. progresser, i. progredire*
prohibēre	prohibeō (ā *m. Abl.*)	abhalten (von), hindern (an)	*e. to prohibit, f. prohiber, i. proibire, s. prohibir*
proinde	*Adv.*	also, daher	
prōmittere	prōmittō, prōmīsī, promissum	versprechen	*e. to promise, f. promettre, i. promettere, s. prometer*
prope	*Adv.*	1 nahe 2 beinahe	*f. proche*
properāre	properō	eilen, sich beeilen	
propinquus	a, um *Subst.*	1 nahe 2 Verwandter	
propius	*Adv.*	näher	
prōpōnere	prōpōnō, prōposuī, prōpositum	darlegen, in Aussicht stellen	*e. to propose, f. proposer, i. proporre, s. proponer*

***Providebo,* ut in pace esse possitis.**	Ich werde dafür sorgen, dass ihr in Frieden leben könnt.
Consules rei publicae *provident.*	Die Konsuln sorgen für den Staat.
Animus verum *providet.*	Das Herz sieht (erkennt) die Wahrheit.

Fratris me *pudet.*	Ich schäme mich für meinen Bruder.
Te *pudeat*!	Du soll(te)st dich schämen!
Te diligentem *puto.*	Ich halte dich für gewissenhaft.

pugn-a	Kampf
pugn-are	kämpfen
op-pugn-are	angreifen

Politische Beziehungen

patria
Heimat

finis
Ende, Grenze; Ziel, Zweck; *Pl.* Gebiet

provincia
Provinz

barbarus
ausländisch, unzivilisiert

socius
Gefährte, Verbündeter

amicus
Freund, politischer Anhänger

fides
Glaube, Treue, Vertrauen, Zuverlässigkeit

amicitia
Freundschaft

pax
Frieden

Positive Eigenschaften

bonus
gut

probus
anständig, gut

mollis
angenehm, weich, freundlich

placidus
friedlich, ruhig, sanft

diligens
gewissenhaft, sorgfältig

pius
fromm, gerecht, pflichtbewusst

pulcher
schön

iustus
gerecht

fortis
kräftig, tapfer

propter	*m. Akk.*	wegen	
prōrsus	*Adv.*	überhaupt, völlig	
prōspicere	prōspiciō, prōspexī, prōspectum	schauen auf, sehen	*Prospekt, prospektiv*
prōtinus	*Adv.*	sofort	
prōvidēre	prōvideō, prōvīdī, prōvīsum *m. Akk.* *m. Dat.* (ut)	1 vorhersehen 2 sorgen für 3 dafür sorgen (dass)	*Provision, e. to provide, f. pourvoir, i. provvedere, s. proveer*
prōvincia		Provinz	*Provence, provinziell, e./f. province, i./s. provincia*
proximus	a, um	der nächste	*e. proximate, f. prochain, i. prossimo, s. prósimo*
pūblicus	a, um	öffentlich, staatlich	*publik, Publikum, publizieren, e. public, f. public/publique, i. pubblico, s. público*
pudet	puduit	es beschämt	
pudor	pudōris *m*	1 Scham(gefühl) 2 Anstand	*f. pudeur, i. pudore, s. pudor*
puella		Mädchen, Freundin	
puer	puerī m	Junge, Bub	
pūgna		Kampf	
pūgnāre	pūgnō	kämpfen	
pulcher	pulchra, pulchrum	schön	
putāre	putō *m. dopp. Akk.*	1 glauben, meinen 2 halten für	*Com-puter, Dis-put*

laudem *quaerere*	Ruhm erwerben wollen
ex amico *quaerere*	den Freund fragen
iniurias *queri*	sich über Ungerechtigkeiten beklagen

L

Maior sum *quam* tu.	Ich bin größer *als* du.
Caesar cum exercitu *quam* maximo proficisci studebat.	Cäsar bemühte sich darum, mit einem *möglichst* großen Heer aufzubrechen.

qua
wie, wo, wohin

quemadmodum
auf welche Weise (auch immer), wie

qualis
wie (beschaffen)

quantus
wie groß, wie viel

qui
wie

F

quaer-ere	erwerben wollen, suchen; (jmd.) fragen
re-quir-ere	aufsuchen, sich erkundigen, verlangen
quaes-ere	bitten

Kommunikation

S

quaerere	erwerben wollen, suchen; (jmd.) fragen
orare	bitten
polliceri	versprechen
promittere	versprechen

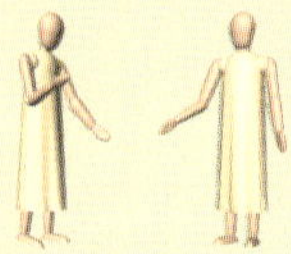

respondere	antworten, entsprechen
negare	leugnen, verneinen, verweigern
tacere	schweigen, verschweigen
concedere	erlauben, nachgeben, zugestehen

quā		wie, wo, wohin	
quaerere	quaerō, quaesīvī, quaesītum (ex / dē *m. Abl.*)	1 erwerben wollen, suchen 2 (jmd.) fragen	*re-quirieren, Re-quisite, e. to query, i. chiedere*
quaesere	quaesō	bitten	
quālis	e	wie (beschaffen)	*Qualität, Qualifikation, f. quel, i. quale*
quam		1 als, wie 2 *mit Superlativ:* möglichst	*f./s. que, i. che*
quamobrem		warum	
quamquam	*Subj. m. Ind.* *im Hauptsatz*	1 obwohl 2 freilich	
quamvīs	*Subj. m. Konj.* *Adv.*	1 wenn auch 2 beliebig, wie du willst	
quandō		wann	*f. quand, i. quando, s. cuándo*
quantō … tantō		je ... desto	
quantus	a, um	wie groß, wie viel	*Quantität, Quantum, i. quanto, s. cuánto*
quārē		1 weshalb, wodurch 2 *relativer Satzanschluss:* deshalb	
quārtus	a, um	der vierte	*Quartett*
quasi	*Adv.* *Subj.*	1 gleichsam 2 wie wenn, als ob	*„quasi“*
quattuor		vier	*f. quatre, i. quattro*
-que		und	
quemadmodum		auf welche Weise (auch immer), wie	
querī	queror, questus sum (*m. Akk.*)	1 klagen 2 sich beklagen (über)	*Querele, Querulant*

Q

qui

quisque

Adestne *quisquam*?	Ist irgendjemand da?
Aliquis adesse debet!	Irgendjemand muss da sein!

***Qui* imperator Galliam subiecit?**	Welcher Feldherr hat Gallien unterworfen?
Imperator, *qui* Galliam subiecit, notissimus erat.	Der Feldherr, der Gallien unterworfen hat, war sehr bekannt.
Caesarem imperatorem notissimum fuisse scimus. *Qui* Galliam subiecit.	Cäsar war – wie wir wissen – ein sehr bekannter Feldherr. Dieser (Er) hat Gallien unterworfen.
***Qui* fit, ut multi Caesarem laudent?**	Wie kommt es, dass viele Leute Cäsar loben?
***Quin* me iuvas?**	Warum hilfst du mir nicht?
Non dubitare debes, *quin* te iuvem.	Du brauchst nicht daran zweifeln, dass ich dir helfe.

L

V

quisnam	wer denn
quisquam	irgendjemand
quisque	jeder
quisquis	jeder, der

V

quidam	ein gewisser, irgendeiner; *Pl.* einige
quidem	freilich, gewiss, wenigstens, zwar

weil

quia
weil

quod
dass, weil

quoniam
da ja, da nun

cum
m. Konj.: als, nachdem; weil; obwohl; während (dagegen)

wer
was

quis
wer

qui
welcher

quisnam
wer denn

quid
was

quod
welches

quidnam
was denn

Freizeit - Erholung

quiescere
(aus)ruhen, schlafen

otium
freie Zeit, Ruhe (von berufl. Tätigkeit); Frieden

convivium
Gastmahl, Gelage

somnus
Schlaf

quī	*Adv.*	wie	
quī	quae, quod	1 welcher, welche, welches; der, die, das 2 *relativer Satzanschluss:* dieser, diese, dieses	*f. qui/que, i. che/chi, s. que*
quia	*Subj. m. Ind.*	weil	
quīcumque	quaecumque, quodcumque	jeder, der; wer auch immer	*f. quiconque, i. chiunque*
quid		was	
quīdam	quaedam, quiddam *subst.*	ein gewisser, irgendeiner; *Pl.* einige	
quīdam	quaedam, quoddam *adj.*	ein gewisser, irgendeiner; *Pl.* einige	
quidem	*Adv.*	freilich, gewiss, wenigstens, zwar	
quidnam		was denn	
quiēscere	quiēscō, quiēvī, quiētum	(aus)ruhen, schlafen	
quīn	*im Hauptsatz* *Subj. m. Konj.*	1 vielmehr, warum nicht 2 dass nicht 3 dass *(in festen Wendungen)*	
quīnque		fünf	*i. cinque, f. cinq*
quippe		freilich	
quīre	queō, quīvī (quiī)	können	
quis		wer	*f. qui/que, i. chi/che, s. que*
quisnam		wer denn	
quisquam	quaequam, quidquam (quicquam)	irgendjemand	
quisque	quaeque, quodque *adj.*	jeder	
quisque	quidque *subst.*	jeder	

Quo **is?**	Wohin gehst du?
Legem brevem esse oportet, *quo* facilius ab omnibus memoriā teneatur.	Ein Gesetz muss kurz sein, damit es umso leichter von allen behalten wird.
***Quo* quid rarius est, *eo* pluris aestimatur.**	Je seltener etwas ist, desto mehr wird es geschätzt.

aber

sed
aber, sondern

at
aber, dagegen, jedoch

vero
in der Tat, wirklich; aber

verum
aber, sondern

autem
aber, andererseits

auch

quoque
auch

et
und, auch

etiam
auch, sogar; noch

quoque	auch
quōque	jeder (*Abl. Sg. v.* **quisque**)

wann
wie oft

quando
wann

quotiens
wie oft, so oft

wo
wohin
woher

qua
wie, wo, wohin

quo
wo, wohin

ubi
wo; sobald

unde
woher

quisquis	quaequae, quodquod *adj.*	jeder, der	*Quisquilien*
quisquis	quaequae, quidquid (quicquid) *subst.*	jeder, der	
quō		1 wo, wohin	
	(~ ut eō)	2 *mit Komparativ:* damit umso	
quō … eō		je ... desto	
quod	*Subj. m. Ind.*	dass, weil	*f./s. que, i. che*
quondam	*Adv.*	einmal, einst; manchmal	
quoniam	*Subj. m. Ind.*	da ja, da nun	
quoque	*(nachgestellt)*	auch	
quotiēns		wie oft, so oft	*Quotient*

(cum) ***ratione*** **agere**	vernünftig handeln
sine ***ratione*** **agere**	unvernünftig handeln
qua ***ratione***	auf welche Weise, wie
alia ***ratione***	auf andere Weise
eadem ***ratione***	auf dieselbe Weise
ratio **frumenti**	die Berechnung des Getreides
negotiorum ***rationem reddere***	über seine Geschäfte Rechenschaft ablegen
libertatis ***rationem habere***	auf die Freiheit achten

regere	**rego**	**rexi**	**rectum**	beherrschen, leiten, lenken	K
pergere	**pergo**	**perrexi**	**perrectum**	aufbrechen, weitermachen	
surgere	**surgo**	**surrexi**	**surrectum**	aufrichten; sich erheben, aufstehen	

rapere	**rapio**	**rapui**	**raptum**	wegführen, rauben, wegreißen	K
eripere	**eripio**	**eripui**	**ereptum**	entreißen	
corripere	**corripio**	**corripui**	**correptum**	ergreifen, gewaltsam an sich reißen	

quotiens

numquam – niemals
umquam – jemals
raro – selten
quondam – einmal, einst, manchmal
saepe – oft
plerumque – meistens
semper – immer

S

rapere	rapiō, rapuī, raptum	wegführen, rauben, wegreißen	*rapide, e. to rape, f. ravir, i. rapire, s. raptar*
rārō	*Adv.*	selten	
rārus	a, um	selten, vereinzelt	*rar, Rarität, e./f. rare, i./s. raro*
ratiō	ratiōnis *f*	1 Grund, Vernunft, Überlegung 2 Art und Weise 3 Berechnung	*Ration, rational, rationell, e. reason, f. raison, i. ragione, s. razón*
recēns	recentis	frisch, neu	*e. recent, f. récent, i. recente, s. recién*
recipere	recipiō, recēpī, receptum	aufnehmen, wieder bekommen, zurücknehmen	*Rezept, Rezeption, e. to receive, f. recevoir, i. ricevere*
sē recipere		sich zurückziehen	
recitāre	recitō	vorlesen, vortragen	*Rezitativ, zitieren, e. to recite, f. réciter*
rēctē	*Adv.*	geradeaus, richtig, zu Recht	
rēctus	a, um	gerade, recht, richtig	*e. right, i. retto, s. recto*
reddere	reddō, reddidī, redditum *m. dopp. Akk.*	1 etwas zukommen lassen, zurückgeben 2 jmd. zu etwas machen	*Rente, Rendite, rentabel, e. to render, f. rendre*
redīre	redeō, rediī, reditum	zurückgehen, zurückkehren	
redūcere	redūcō, redūxī, reductum	zurückführen, zurückziehen	*reduzieren, e. to reduce, f. réduire*
referre	referō, rettulī, relātum	(zurück)bringen, berichten	*Referat, Referent, Relation, relativ*
rēfert	*(m. Gen.)*	es ist wichtig (für jmd.)	
regere	regō, rēxī, rēctum	beherrschen, leiten, lenken	*regieren, Regent, Regime, Rektor*

re- zurück, wieder

W

recipere	aufnehmen, wieder bekommen, zurücknehmen
se recipere	sich zurückziehen
reddere	etwas zukommen lassen, zurückgeben; jmd. zu etwas machen
redire	zurückgehen, zurückkehren
reducere	zurückführen, zurückziehen
referre	(zurück)bringen, berichten
relinquere	unbeachtet lassen, verlassen, zurücklassen
remanere	(zurück)bleiben
remittere	zurückschicken, nachlassen, vermindern
repellere	zurückstoßen, abweisen, vertreiben
reperire	(wieder)finden
repetere	(zurück)verlangen, wiederholen
reprehendere	kritisieren, wieder aufgreifen
respicere	zurückblicken, berücksichtigen
respondere	antworten, entsprechen
restare	übrig bleiben, Widerstand leisten
restituere	wiederherstellen
retinere	behalten, festhalten, zurückhalten
reverti	zurückkehren
revocare	zurückrufen

F

reri — **reor** — **rat-us sum** meinen
| **rat-io** Grund, Vernunft, Überlegung; Art und Weise; Berechnung

glauben - meinen

S

arbitrari	glauben, meinen
censere	meinen, einschätzen; seine Stimme abgeben (für jmd./etw.)
credere	anvertrauen, glauben
existimare	einschätzen, meinen
opinari	glauben, meinen
putare	glauben, meinen; halten für
reri	meinen
sentire	fühlen, meinen, wahrnehmen

F

rex König
rec-tus gerade, recht, richtig
reg-ere — **reg-o** — **rex-i** — **rec-tum** beherrschen, leiten, lenken
reg-num (Königs-)Herrschaft, Reich
reg-io Gebiet, Gegend, Richtung

regiō	regiōnis *f*	Gebiet, Gegend, Richtung	*Region, regional, e. region, f. région*
rēgius	a, um	königlich	*e./f. royal, i. regale, s. real*
rēgnum		(Königs-)Herrschaft, Reich	*e. reign, f. règne, i. regno, s. reino*
religiō	religiōnis *f*	Aberglaube, Glaube, (Gottes-)Verehrung, Frömmigkeit, Gewissenhaftigkeit	*Religion, e./f. religion, i. religione, s. religión*
relinquere	relinquō, relīquī, relictum	unbeachtet lassen, verlassen, zurücklassen	*Relikt, e. to relinquish*
reliquus	a, um	künftig, übrig	*Reliquien, e. relics*
remanēre	remaneō, remānsī	(zurück)bleiben	*e. to remain, i. rimanere*
remittere	remittō, remīsī, remissum	zurückschicken, nachlassen, vermindern	*Remittende, e. to remit, f. remettre, i. rimettere, s. remitir*
repellere	repellō, reppulī, repulsum	zurückstoßen, abweisen, vertreiben	*e. to repel, f. repousser, i. repellere, s. repeler*
repente	*Adv.*	plötzlich, unerwartet	*i. di repente, s. de repente*
reperīre	reperiō, repperī, repertum	(wieder)finden	*Repertoire*
repetere	repetō, repetīvī, repetītum	(zurück)verlangen, wiederholen	*Repetent, repetieren, e. to repeat, f. répéter*
reprehendere	reprehendō, reprehendī, reprehēnsum	kritisieren, wieder aufgreifen	*e. to reprehend, f. reprendre, i. riprendere, s. reprender*
requīrere	requīrō, requīsīvī, requīsītum	aufsuchen, sich erkundigen, verlangen	*Requisiten, requirieren, e. to require*
rērī	reor, ratus sum	meinen	*Rate, ratifizieren, e. (to) rate*
rēs	reī *f*	Angelegenheit, Ding, Sache	*Realismus, Realien, reell, real*
rēs gestae		Taten	

R

res publica

rus

bona ***restituere***	die Güter zurückgeben
proelium ***restituere***	eine Schlacht wieder aufnehmen
ad ***rem publicam*** **accedere**	sich dem Staatsdienst widmen
rus **ire**	aufs Land gehen
ruri **vivere**	auf dem Land leben

rumpere zerbrechen
cor-rumpere bestechen, verderben

S

fragen

interrogare
fragen

rogare
bitten, erbitten, fragen

quaerere
erwerben wollen, suchen; (jmd.) fragen

requirere
aufsuchen, sich erkundigen, verlangen

S

bitten

rogare
bitten, erbitten, fragen

orare
bitten

obsecrare
anflehen, bitten

petere
(auf)suchen, (er)streben, bitten, verlangen

precari
bitten

P

Herrscher

rex	König
consules	Konsuln
princeps	der Erste, der führende Mann
imperator	Befehlshaber, Feldherr; Kaiser

Staatsform

Königszeit	**regnum**	(Königs-)Herrschaft, Reich
Republik	*res publica*	Staat
Kaiserzeit	**principatus**	Kaisertum, Prinzipat

rēs publica		Staat	*Republik, e. republic, f. république*
resistere	resistō, restitī	stehen bleiben; Widerstand leisten	*resistent, e. to resist, f. résister*
respicere	respiciō, respexī, respectum	zurückblicken, berücksichtigen	*Respekt, e./f. respect, f. respecter*
respondēre	respondeō, respondī, respōnsum	antworten, entsprechen	*Kor-respondenz, e. to respond, f. répondre*
restāre	restō, restitī	übrig bleiben; Widerstand leisten	*Rest, Ar-rest, e. rest, f. rester*
restituere	restituō, restituī, restitūtum	wiederherstellen	*f. restituer, i. restituire, s. restituir*
retinēre	retineō	behalten, festhalten, zurückhalten	*e. to retain, f. retenir, i. ritenere, s. retener*
revertī	revertor, revertī, reversum	zurückkehren	*Revers, e. to revert*
revocāre	revocō	zurückrufen	
rēx	rēgis *m*	König	*f. roi, i. re, s. rey*
rīdēre	rīdeō, rīsī, rīsum	lachen, auslachen	*f. rire, i. ridere, s. reír*
rīpa		Ufer	*Riviera, Revier, f. rive*
rogāre	rogō	bitten, erbitten, fragen	*s. rogar*
ruere	ruō, ruī, ruitūrum	eilen, stürmen, stürzen	
rumpere	rumpō, rūpī, ruptum	zerbrechen	*ab-rupt, E-ruption, f. rompre*
rūrsus	*Adv.*	wieder	
rūs	rūris *n*	Feld, Land (im Gegensatz zur Stadt), Landgut	*rustikal*

S

Satius **est otio se dare quam nihil agere.**	Es ist besser, die freie Zeit zu genießen als nichts zu tun.

i-gnorare nicht kennen, nicht wissen	←→	**non ignorare** gut kennen, wohl wissen
ne-scire nicht wissen	←→	***scire*** kennen, verstehen, wissen

F

con-sci-us	bewusst, eingeweiht (in); Teilnehmer, Zeuge
sci-re	kennen, verstehen, wissen
ne-sci-re	nicht wissen

B

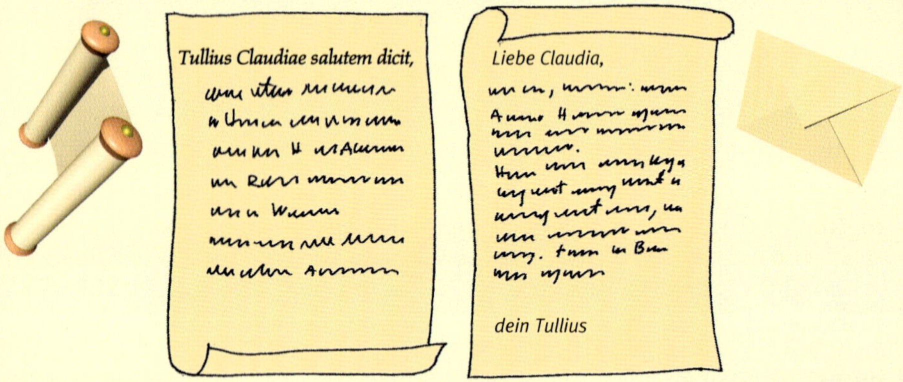

religiös - heilig - göttlich

B

pius fromm, gerecht, pflichtbewusst	***sacer*** geweiht, heilig	**divinus (divus)** göttlich
	sanctus ehrwürdig, heilig	**immortalis** unsterblich

sacer	sacra, sacrum *(m. Gen.)*	geweiht, heilig	*sakral, e. sacred, f. sacré*
sacerdōs	sacerdōtis *m/f*	Priester(in)	*i./s. sacerdote*
sacrum		Heiligtum, Opfer	*Sakrament*
saeculum		Jahrhundert, Menschenalter, Zeit(alter)	*Säkularisation, f. siècle, i. secolo, s. siglo*
saepe	*Adv.*	oft	
saevus	a, um	schrecklich, wild, wütend	
salūs	salūtis *f*	1 Gesundheit, Glück, Rettung 2 Gruß	*Salut, e./i. salute, f. salut, s. salud*
salvus	a, um	gesund, unversehrt	*e. safe, f. sauf, i./s. salvo*
sānctus	a, um	ehrwürdig, heilig	*Sanctus, St. (Sankt), e./f. saint, i./s. santo*
sānē	*Adv.*	1 allerdings, gewiss 2 meinetwegen	
sanguis	sanguinis *m*	Blut	*Sanguiniker, i. sangue*
sapere	sapiō, sapiī	Geschmack haben, Verstand haben	*f. savoir*
satis	*Adv.*	genug	*satt, f. assez, i. assai*
saxum		Fels, Stein	*i. sasso*
scelerātus	a, um *Subst.*	1 verbrecherisch, schädlich 2 Verbrecher	*f. scélérat, i. scellerato*
scelus	sceleris *n*	Verbrechen; Schurke	
scīlicet	*Adv.*	freilich, natürlich, selbstverständlich	
scīre	sciō, scīvī	kennen, verstehen, wissen	*e./f. science*
scrībere	scrībō, scrīpsī, scrīptum	schreiben, beschreiben	*Schrift, Skript, f. écrire, i. scrivere, s. escribir*
sēcum	(~ cum sē)	mit sich, bei sich	
secundus	a, um	der zweite, günstig	*Sekunde, e./f. second, i. secondo, s. segundo*

S

sed

sicut

Socios a periculis *servamus*.	Wir retten die Gefährten aus Gefahren.	L
Solem occidentem *servamus*.	Wir betrachten die untergehende Sonne.	
Gaudeo, *si* venis.	Ich freue mich, wenn du kommst.	
Exspecto, *si* venias.	Ich warte, ob du kommst.	

sequi	**sequor**	**secutus sum**	folgen	K
consequi	**consequor**	**consecutus sum**	erreichen, nachfolgen	
insequi	**insequor**	**insecutus sum**	unmittelbar folgen, verfolgen	
persequi	**persequor**	**persecutus sum**	verfolgen	

I	**unus**	**I.**	**primus**
II	**duo**	**II.**	**secundus**
III	**tres**	**III.**	**tertius**
IV	**quattuor**	**IV.**	**quartus**
V	**quinque**	**V.**	**quintus**
VI	***sex***	**VI.**	**sextus**
VII	***septem***	**VII.**	***septimus***
VIII	**octo**	**VIII.**	**octavus**
IX	**novem**	**IX.**	**nonus**
X	**decem**	**X.**	**decimus**

F

ob-ses	Geisel
sed-es	Platz, Sitz, Wohnsitz
sed-ere	sitzen
pos-sid-ere	besitzen
con-sid-ere	sich setzen, sich niederlassen
prae-sid-ium	(Wach-)Posten; Schutztruppe
in-sid-iae	Falle, Attentat, Hinterlist

P

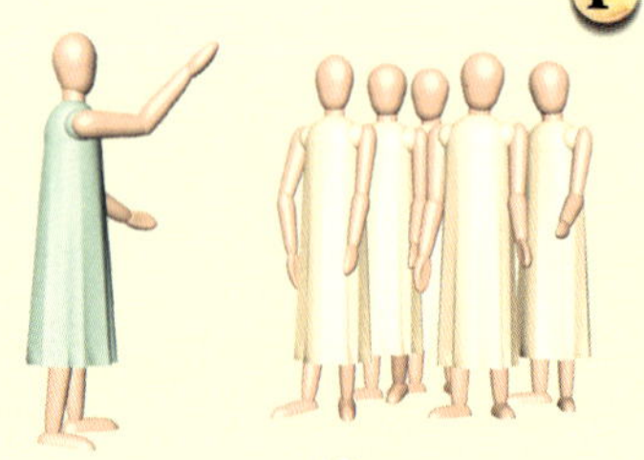

oratio

S

sermo

sermo	Äußerung	~	**vox, *sententia***
	Gerede	~	**fama**
	Sprache	~	**lingua**

sed		aber, sondern	
sedēre	sedeō, sēdī, sessum	sitzen	*e. to sit, f. être assis, i. sedere*
sēdēs	sēdis *f*	Platz, Sitz, Wohnsitz	*e. seat, f. siège, i. sede*
semper	*Adv.*	immer	*i. sempre, s. siempre*
senātus	senātūs *m*	Senat, Senatsversammlung	*e. senate, f. énat, i. senato, s. senado*
senex	senis *m*	Greis, alter Mann	*Senior, senil*
sēnsus	sēnsūs *m*	Gefühl, Sinn, Verstand	*Sensualismus, Nonsens, e. sense, f. sens*
sententia		Antrag (im Senat), Meinung, Satz, Sinn	*Sentenz, e./f. sentence, i. sentenza, s. sentencia*
sentīre	sentiō, sēnsī sēnsum	fühlen, meinen, wahrnehmen	*sensibel, sentimental, f./s. sentir, i. sentire*
septem		sieben	*September*
septimus	a, um	der siebte	*Septime, Septuaginta*
sequī	sequor, secūtus sum *m. Akk.*	folgen	*Sequenz, Suite, f. suivre*
sermō	sermōnis *m*	Äußerung, Gerede, Gespräch, Sprache	*„Sermon"*
sērus	a, um	spät, zu spät	*f. soir, i. sera*
servāre	servō (ā *m. Abl.*)	1 bewahren, retten (vor) 2 beobachten	*Kon-serve*
servīre	serviō	dienen, Sklave sein	*Server, servieren*
servitūs	servitūtis *f*	Sklaverei	*e./f. servitude, i. servitù*
servus		Diener, Sklave	*„Servus"*
seu / sīve		oder, oder wenn	
sex		sechs	*Sextett*
sī	*Subj.*	1 falls, wenn 2 ob	
sīc	*Adv.*	so	*i. così*
sīcut		(so) wie	

S

sidus

solus

Simul **veneris, cenabimus.**	Sobald du kommst, werden wir essen.	L
Simul **nos vino dabimus.**	Gleichzeitig werden wir den Wein genießen.	

Marcus matris (matri) ***similis*** **est, Cornelia autem patris (patri).**	Marcus ist der Mutter ähnlich, Cornelia dagegen dem Vater.
Pater ***singulis*** **liberis** ***singulos*** **libros dedit.**	Der Vater hat jedem Kind ein Buch gegeben.
Tibi adsim ***sine*****!**	Lass mich dir helfen!
Sine **me!**	Lass mich (in Ruhe)!
Sine **te beatior sum.**	Ohne dich bin ich glücklicher.

sec-undus	der zweite, günstig	F
sequ-i	folgen	
soc-ius	Gefährte, Verbündeter	

ex-citare	erregen, ermuntern, wecken
re-citare	vorlesen, vortragen
solli-citare	aufhetzen, beunruhigen, erregen

Pflanzen N

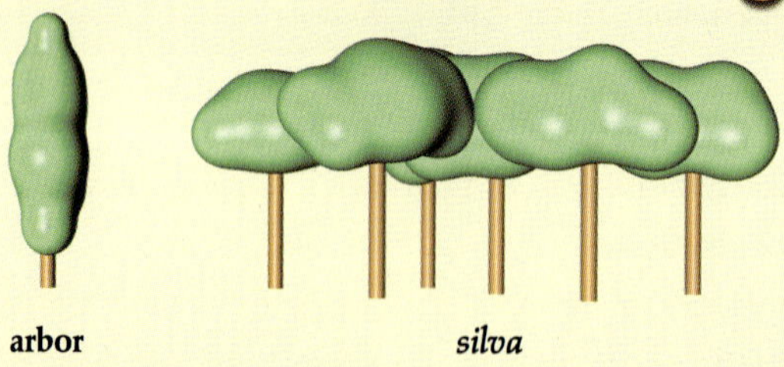

-ilis W

dif-fic-ilis	schwierig
fac-ilis	leicht (zu tun)
sim-ilis	ähnlich
ut-ilis	nützlich

sīdus	sīderis *n*	Stern, Sternbild	
sīgnum		1 Merkmal, Zeichen 2 Statue	*Signal, Signatur*
silva		Wald	*Silvester*
similis	e (*m. Gen./Dat.*)	ähnlich	*As-similation, Fak-simile*
simul	*Adv.* *Subj.*	1 gleichzeitig, zugleich 2 sobald	*simultan*
simulācrum		Bild, Bildnis, Nachbildung, Schatten (e. Toten)	*f. simulacre*
sine	*m. Abl.*	ohne	*f. sans, i. senza, s. sin*
sinere	sinō, sīvī, situm	lassen, erlauben	
singulus	a, um	je ein, jeder einzelne	*Single, Singular, singulär*
sinister	sinistra, sinistrum	links, trügerisch, falsch	*e. sinister, f. sinistre, i. sinistro*
sinistra	(manus)	linke Hand	
sinus	sinūs *m*	Brust, Bucht, Tasche, Krümmung	*Sinus, Co-sinus*
sīve / seu		oder, oder wenn	
socius		Gefährte, Verbündeter	*sozial, Sozialismus, Re-sozialisierung*
sōl	sōlis *m*	Sonne	*Solarium, f. soleil, i. sole*
sōlācium		Trost(mittel)	*e. solace*
solēre	soleō, solitus sum	gewohnt sein, gewöhnlich etwas tun	*i. solere, s. soler*
sollicitāre	sollicitō	aufhetzen, beunruhigen, erregen	*e. to solicit, f. solliciter*
sōlum **non sōlum** … **sed etiam**		nur nicht nur ... sondern auch	*i./s. solo*
sōlus	a, um	allein, einzig	*Solo, Solist, e. sole, f. seul, i./s. solo*

S

solvere

studium

Curis *solutus* beatus eris.	Von Sorgen befreit (ohne Sorgen) wirst du glücklich sein.
Milites *naves solvunt.*	Die Soldaten segeln ab.
Hostes armis *spoliemus*!	Lasst uns den Feinden die Waffen abnehmen!
Litteris *studebamus.*	Wir bemühten uns um die Wissenschaft.

F

spec-ies	Anblick, Aussehen, Schein
spec-tare	betrachten, hinsehen; anstreben
ex-spec-tare	warten, erwarten
a-spic-ere	erblicken
con-spic-ere	erblicken
con-spec-tus	Anblick, Blickfeld
su-spic-io	Verdacht, Vermutung

F

spes	Erwartung, Hoffnung
sper-are	erwarten, hoffen
de-sper-are	die Hoffnung aufgeben, verzweifeln

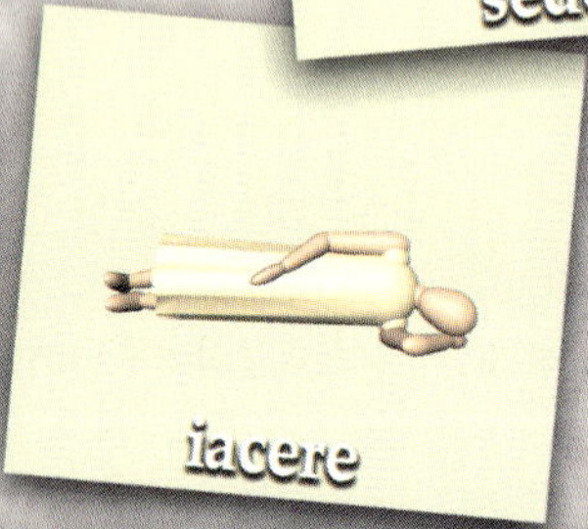

K

stare	**sto**	**steti**	stehen
constare	**consto**	**constiti**	feststehen; kosten; bestehen aus
instare	**insto**	**institi**	bevorstehen, hart zusetzen
restare	**resto**	**restiti**	übrig bleiben; Widerstand leisten

K

statuere	**statuo**	**statui**	**statutum**	aufstellen, beschließen, festsetzen
constituere	**constituo**	**constitui**	**constitutum**	festsetzen, beschließen
instituere	**instituo**	**institui**	**institutum**	beginnen, einrichten, unterrichten
restituere	**restituo**	**restitui**	**restitutum**	wiederherstellen

solvere	solvō, solvī, solūtum	auflösen, bezahlen, lösen	*solvent, in-solvent, ab-solvieren, ab-solut, e. to solve*
somnus		Schlaf	*f. sommeil, i. sonno*
soror	sorōris *f*	Schwester	*f. soeur, i. sorella*
sors	sortis *f*	Los, Orakelspruch, Schicksal	*Sorte, f. sort, i. sorte, s. suerte*
spargere	spargō, sparsī, sparsum	ausstreuen, bespritzen, verbreiten	
spatium		Raum, Strecke, Zeit(raum)	*spazieren, e. space, f. espace, i. spazio*
speciēs	speciēī *f*	Anblick, Aussehen, Schein	*Spezies, speziell, spezifisch, f. espèce*
spēctāre	spēctō	1 betrachten, hinsehen 2 anstreben	
spērāre	spērō	erwarten, hoffen	*f. espérer, i. sperare*
spēs	speī *f*	Erwartung, Hoffnung	
spīritus	spīritūs *m*	Atem, Seele	*Spiritus, Spiritismus, e. spirit, f. esprit*
spoliāre	spoliō *(m. Abl.)*	berauben, plündern	*e. to spoil, f. spolier*
sponte meā (tuā, suā)		freiwillig, mit eigener Kraft, von selbst	*spontan, e. spontaneous, f. spontané*
stāre	stō, stetī, statūrum	stehen	*e. to stay, i. stare, s. estar*
statim	*Adv.*	auf der Stelle, sofort	
statuere	statuō, statuī, statūtum	aufstellen, beschließen, festsetzen	*statuieren, Statut, f. statuer, i. statuire*
studēre	studeō *(m. Dat.)*	1 sich (wissenschaftlich) beschäftigen 2 sich bemühen (um), streben (nach)	*studieren, Student, e. to study, f. étudier*
studium		Beschäftigung, Engagement, Interesse	*Studium, e. study, f. étude, i. studio, s. estudio*

S

stultus

supplicium

Hostes *sub* monte consederunt.	Die Feinde ließen sich am Fuß des Berges nieder.
***Sub* primam lucem profecti sunt.**	Bei Tagesanbruch brachen sie auf.
Hoc bene *successit*.	Dies ist geglückt.
Primo proelio Catilina *superior* discessit.	Aus dem ersten Gefecht ging Catilina als Sieger davon. (Das erste Gefecht gewann Catilina.)
Hostes *superiores* erant.	Die Feinde waren überlegen.

de scelerato *supplicium* sumere	an einem Verbrecher die Todesstrafe vollstrecken
***supplicium* sceleris**	Strafe für ein Verbrechen

-ium

W

ingen-ium	Begabung, Talent
init-ium	Anfang, Eingang
iudic-ium	Gericht, Urteil
od-ium	Hass
offic-ium	Dienst, Pflicht(gefühl)
praem-ium	Belohnung, Lohn
praesid-ium	(Wach-)Posten, Schutztruppe
pret-ium	Geld, Preis, Wert
solac-ium	Trost(mittel)
stud-ium	Beschäftigung, Engagement, Interesse
supplic-ium	flehentliches Bitten; Hinrichtung, Strafe

unterwerfen - besiegen

M

subicere	darunter legen; unterwerfen	***superare***	besiegen, überragen, übertreffen
		vincere	(be)siegen, übertreffen

stultus	a, um	dumm	*stolz, i. stolto*
sub	*m. Abl.* *m. Akk.*	1 unten an/bei, unter *(wo?)* 2 nahe an ... heran, unter *(wohin?)*	*f. sous, i. sotto, e. sub-*
subdūcere	subdūcō, subdūxī, subductum	hinaufziehen, wegnehmen	
subicere	subiciō, subiēcī, subiectum	darunter legen; unterwerfen	*Subjekt, e. subject, f. sujet, i. soggetto*
subīre	subeō, subiī, subitum	auf sich nehmen, herangehen	
subitō	*Adv.*	plötzlich	*i. subito (sofort)*
succēdere	succēdō, successī, successum	(nach)folgen, nachrücken	*sukzessiv, e. success, to succeed, f. succéder*
sūmere	sūmō, sūmpsī, sūmptum	nehmen	*kon-sumieren, Kon-sum*
summus	a, um	der höchste, der letzte, der oberste	*i. sommo, s. sumo*
sūmptus	sūmptūs *m*	Aufwand, die Kosten	
super	*m. Abl.* *m. Akk.*	1 (oben) auf, über *(wo?)* 2 (oben) auf, über (... hinaus) *(wohin?)*	*„super", Supermarkt*
superāre	superō	besiegen, überragen, übertreffen	*i. superare, s. superar*
superbia		Stolz, Überheblichkeit	*i. superbia, s. soberbia*
superbus	a, um	stolz, überheblich	*e. superb, f. superbe, i. superbo, s. soberbio*
superesse	supersum, superfuī	überleben, übrig sein	
superī	superōrum *Pl.*	die Götter	
superior	superiōris	der frühere, der weiter oben gelegene	*e./s. superior*
supplex	supplicis	demütig bittend	
supplicium		flehentliches Bitten; Hinrichtung, Strafe	*f. supplice, i. supplizio, s. suplicio*

Vitanda tibi est omnis avaritiae *suspicio*.	Du musst jeden Verdacht vermeiden, habgierig zu sein.
Miles gravibus vulneribus iam *se sustinere* non potuit.	Der Soldat konnte sich aufgrund seiner schweren Wunden nicht mehr aufrecht halten.

sub-

Grundbedeutung erkennbar:

subicere	darunter legen, unterwerfen
subire	auf sich nehmen, herangehen
succedere	(nach)folgen, nachrücken
suscipere	auf sich nehmen, sich (einer Sache) annehmen, unternehmen

Übertragener Gebrauch:

subducere	hinaufziehen, wegnehmen
surgere	aufrichten; sich erheben, aufstehen
suspicari	vermuten
sustinere	ertragen, standhalten

anfangen - aufhören

incipere	anfangen, beginnen		**desinere**	aufhören
suscipere	auf sich nehmen, sich (einer Sache) annehmen, unternehmen	←→	**conficere**	fertig machen, beenden
instituere	beginnen, einrichten, unterrichten		**perficere**	erreichen, fertig stellen, vollenden
ingredi	betreten, beginnen			
inire	hineingehen, beginnen			

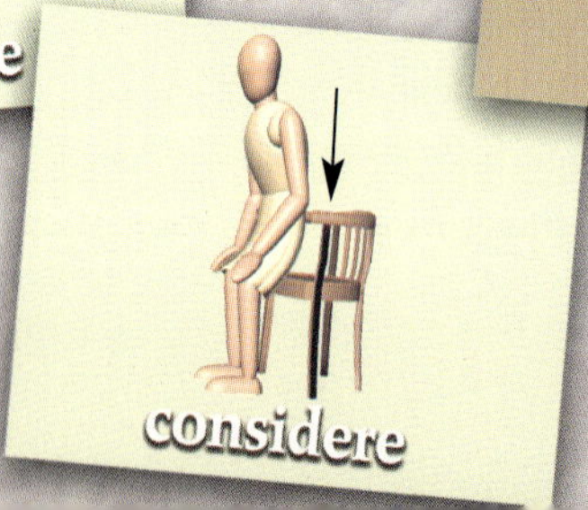

suprā	*Adv.*	darüber hinaus, oben	*Sopran, i. sopra*
suprēmus	a, um	der höchste, der letzte, der oberste	*e. supreme, f. suprême, i./s. supremo*
surgere	surgō, surrēxī, surrēctum	1 aufrichten 2 sich erheben, aufstehen	*e. to surge, f. surgir, i. sorgere, s. surgir*
suscipere	suscipiō, suscēpī, susceptum *m. Akk.*	auf sich nehmen, sich (einer Sache) annehmen, unternehmen	
suspicārī	suspicor	vermuten	*suspekt, e. to suspect*
suspīciō	suspīciōnis *f*	Verdacht, Vermutung	*e./f. suspicion, i. sospetto, s. sospecha*
sustinēre	sustineō, sustinuī	ertragen, standhalten	*e. to sustain, f. soutenir, i. sostenere, s. sostener*
suus	a, um	ihr, sein	*f. son/sa, i. suo/sua, s. su*

T

tabula

temptare

Non *tam* diligens sum *quam* tu.	Ich bin nicht so gewissenhaft wie du.
***Tandem* adestis!**	Endlich seid ihr da!
Quid *tandem* veremini?	Was fürchtet ihr euch eigentlich?

L

Ab iniuria *temperemus*!	Wir wollen uns von Unrecht fernhalten!
Romani rem publicam legibus *temperabant*.	Die Römer ordneten ihren Staat mit Gesetzen.
Vix lacrimis *temperare* possum.	Ich kann die Tränen kaum zurückhalten.

V

tamen	dennoch, jedoch
tandem	endlich; denn eigentlich

***talis* … qualis**	so (beschaffen) … wie
***tantus* … quantus**	so groß … wie
***tam* … quam**	so … wie

tametsi
obwohl

obwohl

quamquam
obwohl; freilich

cum
m. Konj.: als, nachdem; weil; obwohl; während (dagegen)

B

F

si		falls, wenn; ob
qua-si	(< **quam si**)	gleichsam; wie wenn, als ob
et-si	(< **etiam si**)	auch wenn, obwohl
tam-et-si		obwohl

K

tangere	**tango**	**tetigi**	**tactum**	berühren
attingere	**attingo**	**attigi**	**attactum**	berühren
contingere	**contingo**	**contigi**	**contactum**	berühren; gelingen

tabula		Aufzeichnung, Gemälde, Tafel	*Tabelle, Tablette, e./f. table, i. tavola, s. tabla*
tacēre	taceō	schweigen, verschweigen	*i. tacere*
tacitus	a, um	lautlos, still, verschwiegen	*e. tacit, f. tacite*
tālis	e	derartig, ein solcher, so (beschaffen)	*f. tel, i. tale, s. tal*
tam		so	*s. tan*
tam … quam		so … wie	
tamen		dennoch, jedoch	
tametsī		obwohl	
tamquam	*Adv.* *Subj.*	1 wie 2 wie wenn, als ob	
tandem	*im Aussagesatz* *im Fragesatz*	1 endlich 2 denn eigentlich	
tangere	tangō, tetigī, tāctum	berühren	*Tango, Takt, Tangente*
tantum		nur	
tantus	a, um	so groß, so viel	*f. tant, i./s. tanto*
tēctum		Dach, Haus	*f. toit, i. tetto, s. techo*
tēcum	(~ cum tē)	mit dir	
tegere	tegō, tēxī, tēctum	bedecken, schützen, verbergen	*Pro-tektion*
tēlum		(Angriffs-)Waffe, Geschoss	
temperāre	temperō (ā *m. Abl.*) *m. Akk.* *m. Dat.*	1 sich fernhalten (von) 2 lenken, ordnen 3 maßvoll gebrauchen, zurückhalten	*Temperament, Temperatur, temperieren*
tempestās	tempestātis *f*	1 Sturm, (schlechtes) Wetter 2 Zeit	*e. tempest, f. tempête, i. tempesta, s. tempestad*
templum		heiliger Ort, Tempel	*e./f. temple, i. tempio, s. templo*
temptāre	temptō	angreifen; prüfen, versuchen	*e. to tempt, f. tenter, i. tentare, s. tentar*

hoc *tempore*	zu dieser Zeit, derzeit
ipso *tempore*	gerade zur rechten Zeit

manus ad caelum *tollere*	die Hände zum Himmel erheben
simulacra e templo *tollere*	die Bilder aus dem Tempel wegnehmen
clamorem *tollere*	zu schreien beginnen

tendere	**tendo**	**tetendi**	sich anstrengen, spannen, (aus)strecken
contendere	**contendo**	**contendi**	behaupten, eilen, sich anstrengen
ostendere	**ostendo**	**ostendi**	erklären, zeigen

tenere	**teneo**	**tenui**	besitzen, festhalten, halten
continere	**contineo**	**continui**	festhalten; *Pass.* enthalten sein, beruhen (auf etw.)
obtinere	**obtineo**	**obtinui**	(in Besitz) haben, (besetzt) halten
pertinere	**pertineo**	**pertinui**	betreffen, gehören (zu), sich erstrecken (bis)
retinere	**retineo**	**retinui**	behalten, festhalten, zurückhalten
sustinere	**sustineo**	**sustinui**	ertragen, standhalten

Elemente
Luft - Erde

aer		***terra***	
aura	Gunst, Luft	**campus**	Feld, freier Platz
ventus	Wind	**ager**	Acker, Feld, Gebiet
tempestas	Sturm, (schlechtes) Wetter; Zeit	**rus**	Feld, Land, Landgut
caelum	Himmel	**humus**	Erdboden, Erde
		mons	Berg
		iugum	(Berg-)Rücken, Joch
		saxum	Fels, Stein
		silva	Wald

Negative Gefühle

cura	***timor***	**metus**	**dolor**	**luctus**	
Pflege, Sorge	Angst, Furcht	Angst	Schmerz	Trauer	
gemitus	**ira**	**furor**	**pudor**	**invidia**	**odium**
Seufzen, Traurigkeit	Zorn	Wahnsinn, Wut	Scham(gefühl); Anstand	Neid	Hass

tempus	temporis *n*	(günstige) Zeit, Umstände	*Tempo, Extemporale, e. tense, f. temps, i. tempo*
tendere	tendō, tetendī, tentum	sich anstrengen, spannen, (aus)strecken	*Tendenz, tendieren, f. tendre, i. tendere*
tenebrae	tenebrārum *Pl.*	Dunkelheit, Finsternis	*f. ténèbres*
tenēre	teneō, tenuī, tentum	besitzen, festhalten, halten	*f. tenir, i. tenere, s. tener*
tergum		Rücken	
terra		Erde, Land	*Terrarium, Terrasse, Territorium*
terrēre	terreō	erschrecken	*Terror, Terrorist, e. terror, f. terreur*
tertius	a, um	der dritte	*Terz*
testis	testis *m/f*	Zeuge	*Test, Testament, Attest, Testikel*
timēre	timeō	Angst haben, fürchten	
timor	timōris *m*	Angst, Furcht	*i. timore, s. temor*
tollere	tollō, sustulī, sublātum	aufheben, in die Höhe heben, wegnehmen	*i. togliere*
torquēre	torqueō, torsī, tortum	drehen, quälen, schleudern	*Torsion, Torte, Tortur*
tot	*indekl.*	so viele	
tōtus	a, um (*Gen.* tōtīus, *Dat.* tōtī)	ganz	*total, totalitär, e./f. total*
trādere	trādō, trādidī, trāditum	übergeben, überliefern	*tradieren, Tradition, e./f. tradition, i. tradizione*
trahere	trahō, trāxī, tractum	schleppen, ziehen	*Traktor, i. trarre*
trānsīre	trānseō, trānsiī, trānsitum	durchqueren, hinübergehen, überschreiten	*Transit, transitiv*

fines suos *tueri*	sein Gebiet sichern
liberos *tueri*	für die Kinder sorgen
mare *turbatum*	das aufgewühlte Meer
animos *turbare*	die Gemüter beunruhigen
***tutus* ab omni periculo**	vor jeder Gefahr sicher
in *tuto* esse	in Sicherheit sein

Aufgaben beim Militär

M

imperator	*tribunus*	legatus	eques	miles
Befehlshaber, Feldherr; Kaiser	(Militär-) Tribun	Bevollmächtigter, Gesandter	Reiter, Ritter	Soldat

F

tu-tus	sicher
tu-eri	betrachten, schützen, (milit.) sichern, sorgen für
in-tu-eri	anschauen

F

turb-a	Menschenmenge, Lärm, Verwirrung
turb-are	durcheinander bringen, stören
per-turb-are	in Verwirrung bringen

trēs	trēs, tria	drei	*Trio, e. three, f. trois, i. tre*
tribuere	tribuō, tribuī, tribūtum	schenken, zuteilen	*Tribut, At-tribut, f. attribuer, i. attribuire*
tribūnus		(Militär-)Tribun	
trīgintā	*indekl.*	dreißig	
trīstis	e	traurig, unfreundlich	*trist, f./i./s. triste*
tū		du	*f./i. tu, s. tú*
tuēri	tueor *m. Akk.*	betrachten, schützen, (milit.) sichern, sorgen für	*Tutor*
tum	*Adv.*	da, damals, dann, darauf	
tunc	*Adv.*	damals, dann	
turba		Menschenmenge, Lärm, Verwirrung	*Trubel, Turbine, turbulent, e./f. trouble, i./s. turba*
turbāre	turbō	durcheinander bringen, stören	*e. to trouble, f. troubler, i. (per)turbare, s. (per)turbar*
turpis	e	(sittlich) schlecht, hässlich, schändlich	*i. turpe, s. torpe*
turris	turris *f*	Turm	*e. tower, f. tour, i./s. torre*
tūtus	a, um	sicher	
tuus	a, um	dein	*f. ton/ ta, i. tuo/ tua, s. tu*

Ubi **te conspexi, surrexi.**	Sobald ich dich erblickt habe, bin ich aufgestanden.
Ubi **fuisti?**	Wo bist du gewesen?
ad ***ultimum***	(bis) zuletzt
usque **ab hoc tempore**	seit dieser Zeit
usque **ad hoc tempus**	bis zu dieser Zeit
ex ***usu*** **populi Romani esse** / **populo Romano** ***usui*** **esse**	dem römischen Volk nützlich sein

V

ullus	irgendeiner
ille	jener

F

ullus	irgendeiner
n-ullus	kein
non-n-ulli	einige, manche

V

ultro	freiwillig, noch dazu, sogar
unde	woher
usque	ohne Unterbrechung; seit; bis zu

Besondere Steigerungsformen

post	hinter, nach; dann, später	**posterior**	der spätere	**postremus**	der letzte
pro	vor; an Stelle von, für; entsprechend	**prior**	der erste, der frühere	**primus**	der erste
prope	nahe; beinahe	**propior**	der nähere	**proximus**	der nächste
supra	darüber hinaus; oben	**superior**	der frühere, weiter oben gelegene	**summus**	der höchste, der letzte, der oberste
				supremus	der höchste, der letzte, der oberste
ultra	jenseits	**ulterior**	der weiter entfernte	***ultimus***	der äußerste, der entfernteste, der letzte

ubī		1 wo	*f. où*
	Subj. m. Ind.	2 sobald	
ūllus	a, um (*Gen.* ūllīus, *Dat.* ūllī)	irgendeiner	
ultimus	a, um	der äußerste, der entfernteste, der letzte	*Ultimatum, ultima ratio, ultimativ, e. ultimate*
ultrō	*Adv.*	freiwillig, noch dazu, sogar	
ultrō citrōque		hinüber und herüber	
umbra		Schatten	*f. ombre, i. ombra, s. sombra*
umerus		Oberarm, Schulter	
umquam		jemals	
ūnā	*Adv.*	zugleich, zusammen	
unda		Gewässer, Welle	*f. onde*
unde		woher	
undique	*Adv.*	von allen Seiten	
ūniversus	a, um	1 gesamt 2 *Pl.* alle (zusammen)	*universal, Universum, Universität*
ūnus	a, um (*Gen.* ūnīus, *Dat.* ūnī)	ein(er), ein einziger	*Union, e. one, f. un, i./s. uno*
	ex/dē *m. Abl.*	einer von	
urbs	urbis *f*	Stadt, Hauptstadt	*Urbanisierung, s. urbe*
ūsque	*Adv.*	1 ohne Unterbrechung	*f. jusqu' à*
	ā *m. Abl.*	2 seit	
	ad *m. Akk.*	3 bis zu	
ūsus	ūsūs *m*	Benutzung, Nutzen	*„Usus", e. use, f. usage, i./s. uso*

U

ut

uxor

Marcus oppidum intravit, *ut* fieri solet.	Marcus betrat wie gewohnt (wie es gewöhnlich geschieht) die Stadt.	L
***Ut* oppidum intravit, amicum convenit.**	Sobald er die Stadt betreten hatte, traf er einen Freund.	
Oppidum intravit, ut amicum conveniret.	Er hat die Stadt betreten, um einen Freund zu treffen.	
***Ut* vires desint, tamen voluntas laudanda est.**	Wenn auch die Kräfte fehlen, muss doch der Wille gelobt werden.	

(*Utinam*) **Illum diem videam!**	Hoffentlich erlebe ich jenen Tag noch!
***Utinam* pater viveret!**	Wenn doch der Vater noch leben würde!

ut	wie; sobald, sooft; damit, dass, sodass; angenommen dass, wenn auch	F
uti-nam	hoffentlich, wenn doch	
sic-ut	(so) wie	

ut-i	**utor**	**us-us sum**	benützen, gebrauchen	F
ut-ilis			nützlich	
		us-us	Benutzung, Nutzen	

Nutzen - nützlich

bonum	das Gut(e)
commodum	Bequemlichkeit, Vorteil
usus	Benutzung, Nutzen
commodus	angemessen, angenehm, günstig
opportunus	geeignet, günstig
secundus	der zweite, günstig
utilis	nützlich

ut	*Adv.*	1 wie	
	Subj. m. Ind.	2 sobald, sooft	
	Subj. m. Konj.	3 dass, sodass, damit; angenommen dass, wenn auch	
uterque		1 beide 2 jeder (von zweien)	
ūtī	ūtor, ūsus sum *m. Abl.*	benützen, gebrauchen	*e. to use, f. user, i. usare, s. usar*
ūtilis	e	nützlich	*Utilitarismus, f./i. utile, e. useful, s. útil*
utinam		hoffentlich, wenn doch	
utrum		ob	
uxor	uxōris *f*	Ehefrau	

Tibi auxilio *veniam*. — Ich werde dir zu Hilfe kommen.
Hoc mihi in mentem *venit*. — Dies kommt mir in den Sinn. (Daran erinnere ich mich.)

F

velle	**volo**	**volui**	wollen
nolle	**nolo**	**nolui**	nicht wollen
malle	**malo**	**malui**	lieber wollen

K

venire	**venio**	**veni**	**ventum**	kommen
circumvenire	**circumvenio**	**circumveni**	**circumventum**	umringen, umzingeln
convenire	**convenio**	**conveni**	**conventum**	besuchen, zusammenkommen, zusammenpassen
evenire	**evenio**	**eveni**	**eventum**	sich ereignen
invenire	**invenio**	**inveni**	**inventum**	finden, erfinden
pervenire	**pervenio**	**perveni**	**perventum**	kommen zu (nach)

-ve — oder

aut — oder

vel — oder, sogar

oder

curru vehi

equo vehi

Einfluss haben

P

valere	Einfluss haben, gesund sein, stark sein
posse	können
obtinere	(in Besitz) haben, (besetzt) halten
imperare	befehlen, herrschen (über)
iubere	anordnen, befehlen

F

vel-le	wollen
vol-o	ich will
vis	du willst
vel	oder, sogar
vel-ut	wie, wie zum Beispiel
vol-un-tas	Absicht, Wille, Zustimmung
vol-up-tas	Lust, Vergnügen
in-vit-us	ungern, gegen den Willen
quam-vis	wenn auch; beliebig, wie du willst

valēre	valeō	Einfluss haben, gesund sein, stark sein	*Valenz, Rekonvaleszent, In-valide*
varius	a, um	bunt, verschieden, vielfältig	*variabel, Variante, Variation, e. various, f. varier*
vās	vāsis *n* (*Pl.* vāsa, vāsōrum)	Gefäß	*Vase, f. vase*
vāstus	a, um	1 riesig 2 öde, verwüstet	*e. waste/vast, f. vaste, i./s. vasto*
-ve		oder	
vehemēns	vehementis	energisch, heftig	*vehement, e. vehement, f. véhément, i. veemente*
vehere	vehō, vēxī, vectum	fahren, tragen, ziehen	*Vehikel, Vektor*
vehī	vehor, vectus sum *m. Abl.*	sich fortbewegen, fahren	
vel		oder, sogar	
vel … vel		entweder … oder	
velle	volō, voluī	wollen	*Volontär, f. vouloir, i. volere*
velut		wie, wie zum Beispiel	
vendere	vendō, vendidī, venditum	verkaufen	*f. vendre, i. vendere, s. vender*
venia		Gefallen, Nachsicht, Verzeihung	
venīre	veniō, vēnī, ventum	kommen	*f./s. venir, i. venire*
ventus		Wind	*Ventil, Ventilator, f. vent, i. vento, s. viento*
verbum		Wort, Äußerung	*Verbum, verbal, f. verbe, i./s. verbo*
verērī	vereor, veritus sum	1 fürchten, sich scheuen 2 verehren	*Re-verenz, e. to revere*
vērō	*Adv.*	1 in der Tat, wirklich 2 aber	

Vides **me bene laboravisse.**	Du siehst, dass ich gut gearbeitet habe.
Vide, **ut idem facias!**	Sieh zu, dass du dasselbe tust!
Periculum mihi magnum *videtur.*	Die Gefahr scheint mir groß (zu sein).
Hostes flumen transire *videntur.*	Die Feinde scheinen den Fluss zu überschreiten.
Senatui *visum est* **legatos mittere.**	Der Senat hat beschlossen Gesandte zu schicken.

K

vertere	**verto**	**verti**	**versum**	drehen, wenden
animadvertere	**animadverto**	**animadverti**	**animadversum**	bemerken; vorgehen gegen
avertere	**averto**	**averti**	**aversum**	abwenden, vertreiben
convertere	**converto**	**converti**	**conversum**	verändern, (um)wenden
reverti	**revertor**	**reverti**	**reversum**	zurückkehren

F

vert-ere — **verto** — **verti** — **vers-um**	drehen, wenden
vers-ari	sich aufhalten, sich befinden
ad-vers-us	entgegengesetzt, feindlich
di-vers-us	entgegengesetzt, feindlich, verschieden
pro-rs-us	überhaupt, völlig
ru-rs-us	wieder

F

vid-ere	sehen, darauf achten
pro-vid-ere	vorhersehen; sorgen für; dafür sorgen (dass)
vid-eri	gelten (als), scheinen
vis-ere	besichtigen, besuchen
in-vid-ia	Neid

versāri	versor	sich aufhalten, sich befinden	
vertere	vertō, vertī, versum	drehen, wenden	*Version, versiert*
vērum	*Adv.*	aber, sondern	
vērus	a, um	echt, richtig, wahr	*veri-fizieren, e. very, f. vrai, i. vero*
vester	vestra, vestrum	euer	*f. votre*
vestīgium		Fußsohle, Spur, Stelle	*e. to investigate, FBI (Federal Bureau of Investigation)*
vestis	vestis *f*	1 Kleidung 2 *Pl.* Kleider	*Weste, e. vest, f./i. veste*
vetus	veteris	alt	*Veteran, f. vieux, i. vecchio, s. viejo*
via		Straße, Weg	*Viadukt, f. voie, i./s. via*
victor	victōris *m* *Adj.*	1 Sieger 2 siegreich	*Viktor, e. victor, f. vainqueur, i. vincitore*
victōria		Sieg	*e. victory, f. victoire, i. vittoria, s. victoria*
vīcus		Dorf, Gasse	
vidēre	videō, vīdī, vīsum	sehen, darauf achten	*Video, re-vidieren, e-vident, wissen, e. (to) view, f. voir*
vidēri	videor, vīsus sum	scheinen, gelten (als)	*Vision, audio-visuell*
vigilia		Nachtwache, (Wach-)Posten	*i. veglia*
vīgintī	*indekl.*	zwanzig	
vīlla		Haus, Landhaus	*Villa, Weiler, e./i./s. villa, f. ville*
vincere	vincō, vīcī, victum	(be)siegen, übertreffen	*Vinzenz, e. to vanquish, f. vaincre, i. vincere*
vinculum		1 Band, Fessel 2 *Pl.* Gefängnis	*i. vincolo, s. vinculo*

V

vindicare

voluptas

malum *vindicare*	eine Übeltat bestrafen
in hostes *vindicare*	gegen die Feinde vorgehen
plebem in libertatem *vindicare*	der Plebs die Freiheit bringen

-tas

W

calami-tas	Schaden, Unglück
celeri-tas	Schnelligkeit
civi-tas	Gemeinde, Staat, Bürgerrecht
cupidi-tas	(heftiges) Verlangen (nach), Leidenschaft
digni-tas	Ansehen, Würde; (gesellschaftliche) Stellung
liber-tas	Freiheit
potes-tas	(Amts-)Gewalt, Macht, Möglichkeit
tempes-tas	Sturm, (schlechtes) Wetter; Zeit
volun-tas	Absicht, Wille, Zustimmung
volup-tas	Lust, Vergnügen

K

vocare	**voco**	**vocavi**	**vocatum**	(be)nennen, rufen
convocare	**convoco**	**convocavi**	**convocatum**	versammeln
revocare	**revoco**	**revocavi**	**revocatum**	zurückrufen

Leben

N

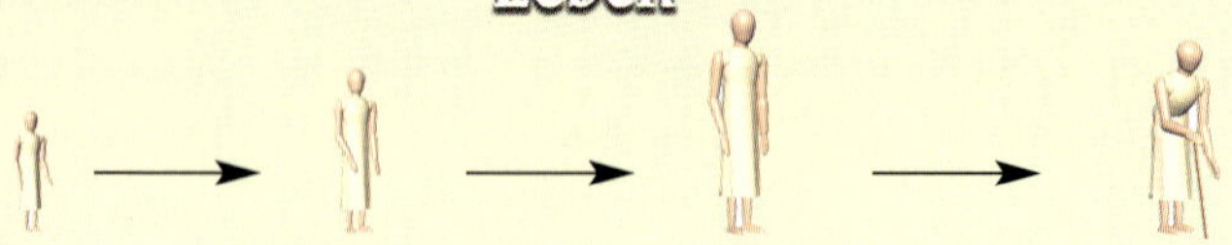

aetates: **puer** → **adulescens** → **iuvenis** → **senex**

vita

Gewalt

M

vis	**bellum**	**nex**	**caedes**	**pernicies**
Gewalt, Kraft, Menge; *Pl.* Streitkräfte	Krieg	Mord, Tod	Blutbad, Mord	Verderben, Vernichtung

G

amicitia
Freundschaft

flamma
Feuer, Flamme

libido
(heftiges) Verlangen (nach), Lust, Willkür

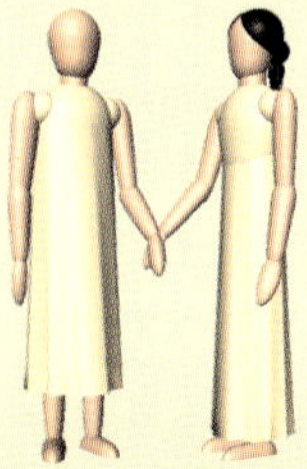

amor
Liebe

cupiditas
(heftiges) Verlangen (nach), Leidenschaft

voluptas
Lust, Vergnügen

vindicāre	vindicō in *m. Akk.*	1 beanspruchen, bestrafen 2 vorgehen gegen	*e. to vindicate, f. venger, i. vendicare, s. vengar*
vīnum		Wein	*e. wine, f. vin, i./s. vino*
violāre	violō	entehren, verletzen	*e. to violate, f. violer, i. violare, s. violar*
vir	virī *m*	Mann	
virgō	virginis *f*	Mädchen	*e. virgin, f. vierge, i. vergine, s. virgen*
virtūs	virtūtis	1 Tapferkeit, Tüchtigkeit, Vortrefflichkeit, Leistung 2 *Pl.* gute Eigenschaften, Verdienste	*Virtuosität, e. virtue, f. vertu, i. virtù, s. virtud*
vīs	*Akk.* vim, *Abl.* vī; *Pl.* vīrēs, vīrium	1 Gewalt, Kraft, Menge 2 Streitkräfte	
vīsere	vīsō, vīsī, vīsum	besichtigen, besuchen	*Re-vision, Visite, Visitenkarte*
vīta		Leben, Lebensweise	*vital, Vitamin, f. vie, i. vita*
vītāre	vītō	meiden, vermeiden	*f. éviter, i. evitare, s. evitar*
vitium		Fehler, schlechte Eigenschaft	*e./f. vice, i. vizio, s. vicio*
vīvere	vīvō, vīxī, vīctūrum	leben	*f. vivre, i. vivere, s. vivir*
vīvus	a, um	lebend, lebendig	*f. vif, i./s. vivo*
vix	*Adv.*	kaum, (nur) mit Mühe	
vocāre	vocō	(be)nennen, rufen	*Vokal, Vokativ*
volāre	volō	eilen, fliegen	*Voliere, f. voler, i. volare, s. volar*
voluntās	voluntātis *f*	Absicht, Wille, Zustimmung	*f. volonté, i. volontà, s. voluntad*
voluptās	voluptātis *f*	Lust, Vergnügen	*f. volupté, i. voluttà, s. voluptad*

V

volvere

vultus

Nos multa nobiscum *volvimus*.	Wir haben uns vieles überlegt.
Utinam *vos* hoc libro libenter utamini!	Hoffentlich benützt ihr dieses Buch gern!

F

ego	**tu**	**nos**	***vos***
ich	du	wir; uns	ihr, euch
mecum	**tecum**	**nobiscum**	**vobiscum**
mit mir	mit dir	mit uns	mit euch
meus	**tuus**	**noster**	**vester**
mein	dein	unser	euer

Aussehen

forma	Form, Gestalt, Schönheit
species	Anblick, Aussehen, Schein
conspectus	Anblick, Blickfeld
vultus	Gesicht, Gesichtsausdruck; *Pl.* Gesichtszüge

Laute

S

vox	Äußerung, Laut, Stimme
carmen	Gedicht, Lied
clamor	Geschrei, Lärm
gemitus	Seufzen, Traurigkeit

vultus acerbus

volvere	volvō, volvī, volūtum	rollen, wälzen; überlegen	*E-volution, Re-volution, Re-volver, „Volvo"*
vōs	*Nom.* *Akk.*	ihr euch	*f. vous, i. voi*
vōx	vōcis *f*	Stimme, Äußerung, Laut	*e. voice, f. voix, i. voce, s. voz*
vulgō	*Adv.*	allgemein, gewöhnlich	
vulgus	vulgī *n*	die Leute (aus dem Volk), die große Masse, der Pöbel	*vulgär, i. volgo, s. vulgo*
vulnus	vulneris *n*	Wunde, Verlust (milit.)	
vultus	vultūs *m*	1 Gesicht, Gesichtsausdruck 2 *Pl.* Gesichtszüge	*i. volto*

Wichtige Regeln zur Wortbildung

Wenn man einige Regeln, nach denen lateinische Wörter gebildet sind, und die Bedeutung wichtiger Bildungselemente kennt, kann man oft auch nicht gelernte Vokabeln von bekannten herleiten, ihre Wortart bestimmen und die Bedeutung ermitteln.
Zahlreiche lateinische Wörter sind nämlich dadurch gebildet, dass der „Stamm" eines Wortes um eine Lautgruppe erweitert ist: Präfixe sind vorn, Suffixe hinten angefügt.

1. Wichtige Suffixe und ihre Bedeutung:

a) Substantive:

-tas	libertas	Freiheit	*Zustand oder Eigenschaft*
-tudo	magnitudo	Größe	
-ia	superbia	Stolz	
-itia	laetitia	Freude	
-or	timor	Angst	
-io	oratio	Rede	*Handlung oder Ergebnis*
-ium	incendium	Brand, Feuer	
-mentum	monumentum	Denkmal	*Mittel oder Ergebnis*
-tor	imperator	Befehlshaber, Feldherr	*Handelnde Person*

b) Adjektive:

-ius	regius, a, um	königlich	*Herkunft oder Zugehörigkeit*
-icus	Gallicus, a, um	gallisch	
-osus	gloriosus, a, um	ruhmreich	*Fülle*
-alis	mortalis, e	sterblich	*Eigenschaft*
-ilis	utilis, e	nützlich	
-idus	cupidus, a, um	(be)gierig	
-bilis	incredibilis, e	unglaublich	*Möglichkeit*

c) Verben:

-tare/-tari	captare	fangen	*Verstärkung oder Wiederholung*
-itare	agitare	betreiben	
-scere/-sci	irasci	in Zorn geraten	*Beginn*

2. Wichtige Präfixe und ihre Bedeutung:

Als Präfixe treten in allen Wortarten oft Präpositionen auf, die – entsprechend ihrer Bedeutung – die Bedeutung des zusammengesetzten Wortes verändern, z. B. ab-ire weg-gehen.
Bei der Bildung eines zusammengesetzten Wortes können die Präfixe an den Anlaut des Grundwortes angeglichen werden (Assimilation), z. B. ad-ferre → afferre.

a) Präpositionen als Präfixe:

Die folgenden Beispiele zeigen wichtige Bedeutungen solcher Präfixe; die Beispiele der linken Spalte enthalten jeweils die Grundbedeutung:

ab-esse	ab-wesend sein	ab-ire	weg-gehen
ad-ire	heran-gehen	af-ferre	herbei-bringen
con-venire	zusammen-kommen	col-ligere	sammeln
de-scendere	herab-steigen	de-sperare	ver-zweifeln
ex-cedere	hinaus-gehen	e-ripere	ent-reißen
in-ducere	(hin)ein-führen	im-pellere	an-treiben
per-spicere	durch-schauen	per-turbare	in Verwirrung bringen
pro-gredi	vor-rücken	pro-ponere	in Aussicht stellen
sub-icere	unter-werfen	suc-cedere	nachfolgen

Manche Präfixe verstärken nur die Bedeutung des Grundwortes, z. B. con-firmare oder per-movere.

b) Andere Präfixe:

in- ne-	in-certus in-iuria ne-scire	ungewiss Unrecht nicht wissen	*Verneinung oder Gegenteil*
dis-	dis-cedere	auseinander gehen	*Trennung*
re-	re-petere red-ire	zurückverlangen zurückkehren	*Rückbezug, Rückwendung, Wiederholung*

Selten sind Zusammensetzungen, in denen das Präfix selbst ein Nomen oder Adverb ist, z. B. bene-ficium Wohltat, aedi-ficare bauen, iu-dicare urteilen.

Grundlagen der Wortkunde

Der Titel **adeo** ist in mehrfacher Hinsicht Programm für die vorliegende Wortkunde. Entsprechend der Bedeutung des Adverbs adeo ist das Lernen von Lateinwörtern im Hinblick auf die schulische Lektüre nur „bis zu dem Punkt“, nur „in dem Maße“ erforderlich, wie sie das vorliegende Basisvokabular enthält – das „Angehen“ (adire) der Lektüre ist damit problemlos möglich.
Die Auswahl der Vokabeln orientiert sich ausschließlich an den Erfordernissen der schulischen Lektüre: Zugrunde liegen die statistischen Untersuchungen, die im Rahmen eines didaktischen Projektes mit dem Titel **„Bamberger Wortschatz“** stattfanden. Diese gehen zwar von einem vergleichsweise umfänglichen Textcorpus der schulischen Lektüre aus, sie rechtfertigen aber dennoch eine deutliche Reduzierung des Basisvokabulars auf ca. **1250 Vokabeln**.
Eine eingehende Erläuterung des Projektes „Bamberger Wortschatz“ findet sich bei:

> Clement Utz, Mutter Latein und unsere Schüler – Überlegungen zu Umfang und Aufbau des lateinischen Wortschatzes. In: Peter Neukam (Hrsg.), Antike Literatur – Mensch, Sprache, Welt (Dialog. Klassische Sprachen und Literaturen XXXIV). München 2000, S. 146-172.

Im Folgenden werden nur die wesentlichen Daten und Ergebnisse vorgestellt:
Das zugrunde liegende **Lektürecorpus** wurde durch eine genaue Analyse der geltenden Lehrpläne und Richtlinien sowie durch einen Abgleich der wichtigsten Textausgaben ermittelt. Es enthält – mit Ausnahme der christlichen, mittelalterlichen und humanistischen Literatur – die gesamte Palette der in der Bundesrepublik bis einschließlich Jahrgangsstufe 11 gelesenen Texte.
Die folgende Übersicht listet (nach der Häufigkeit ihrer Erwähnung in den Lehrplänen) die Autoren, die Werke und die genauen Stellenangaben der in das Lektürecorpus eingegangenen Texte auf. In Klammern hinter den Autoren steht jeweils die Summe der Wortformen, die sich aus den angeführten Stellen ergibt; daraus lässt sich auch die Gewichtung der einzelnen Autoren untereinander ersehen:

Caesar, Bellum Gallicum (24807)
I 1-54 / II 15-27 / IV 1-36 / V 6-37 / VI 11-28 / VII 1-4; 12-22; 63-69; 77-78; 83-90

Cicero, Reden (17892)
– Verres: II 3, 1-11; 207-228 / II 4, 1-18; 51-52; 60-68; 72-83; 105-123; 136-141 / II 5, 158-171
– Catilina: I ganz / II 1-2; 17-23; 26-27 / III 1-5; 29

Ovid, Metamorphosen (8067)
1, 1-4 (Proöm); 89-150 (Weltalter); 452-567 (Apoll u. Daphne); 748- 2, 328 (Phaeton); 4, 55-166 (Pyramus u. Thisbe); 6, 146-312 (Niobe); 339-381 (Lykische Bauern); 8, 183-235 (Dädalus u. Ikarus); 618-720 (Philemon u. Baucis); 10, 1-77 (Orpheus u. Eurydike); 14, 581-608 (Aeneas); 15, 745-879 (Caesar, Augustus, Epilog)
Tristien 4,10

Nepos, Themistokles, Alcibiades, Hannibal (5864)

Plautus, Aulularia (6653)

Terenz, Adelphoi (8290)

Phädrus (3323)
I Prol.; 1-5, 7, 8, 10, 12, 13, 15, 21, 23-26, 31 / II 6-8 / III 1, 6, 7, 12, 14, 16 / IV 3, 4, 9, 10, 23, 25 / V 2, 5, 7 / App. 20

Plinius, Briefe (10682)
I 1, 9, 12, 13, 15, 16, 20 / II 17 / III 1, 5, 16 / IV 13 / V 8, 19 / VI 7, 16, 20 / VII 5, 19, 20 / VIII 16, 19, 22, 24 / IX 6, 7, 23, 36 / X 31, 32, 88, 89, 96, 97

Sallust (11051)
Catilina (ganz) / Jugurtha 41-42

Catull (3952)
1, 2, 3, 5-11, 13, 14, 22, 23, 26, 27, 29-31, 33-36, 38-41, 43-47, 49-55, 57, 58, 70, 72, 73, 75, 76, 79, 82-87, 92, 93, 95, 96, 98, 100-102, 105, 107, 109

Martial (3704)
I prol.; 1, 10, 15, 16, 19, 24, 29, 30, 33, 35, 38, 47, 59, 63, 79, 91, 95, 110, 117 / II 3, 7, 12, 20, 21, 35, 38, 53, 56, 58, 59, 66, 67, 80, 82, 87, 92, 93 / III 8, 9, 11, 38, 43, 51 / IV 8, 21, 24, 36, 41, 44, 56, 85 / V 13, 15, 29, 43, 45, 47, 58, 73, 81, 83 / VI 17, 55, 60, 63, 82 / VII 3, 73, 77, 81 / VIII 12, 13, 16, 20, 23, 27, 29-31, 69, 74, 79 / IX 10, 14, 15, 19, 68, 70, 78, 88, 97 / X 8, 18, 19, 35, 43, 47, 62 / XI 34, 38, 39, 64, 68, 77, 83, 92, 93, 101 / XII 12, 23, 39, 40, 45, 51, 56 / XIII 70, 74, 77, 126 / XIV 186, 190, 195, 208

Curtius (17763)
III 1, 5, 6, 12 / IV 1, 5, 6, 7, 10 / V 5, 7, 12 / VI 3 / VII 2, 5 / VIII 1, 2, 4, 5 / IX 3, 6, 13 / X 5

Gellius (7470)
I 19, 23 / II 7, 12, 29 / III 7, 8 / IV 18 / V 2, 3, 5, 9, 14, 16, 17 / VI 1 / VII 3 / IX 11 / X 12, 28 / XI 6, 9, 14, 18 / XII 7, 12 / XV 22 / XVI 19

Vergil, Aeneis (10964)
I 1-156, 223-304, 494-632 / II 1-267 / IV 1-705 / VI 81-97, 450-476, 679-892

Die Textmengen zu den einzelnen Autoren entsprechen – wie man sieht – in ihrem Umfang den geläufigen Schulausgaben oder gehen sogar darüber hinaus.

Mit 140 482 Wortfomen ist der Gesamtumfang des untersuchten Corpus beträchtlich; er enthält nach Abzug der Belegstellen von Namen immerhin 7154 Lemmata, d. h. potenzielle Lernwörter. Wo liegt nun die sinnvolle Grenze für einen Grundwortschatz, ein Basisvokabular, mit dem das Eintreten in den Lektüreunterricht möglich ist? Die communis opinio früherer Untersuchungen, dass mit einer Zahl von ca. 1000 Vokabeln unabhängig vom Lektürecorpus etwa 80 % der jeweiligen Textmenge abgedeckt sind, ist in ihrer Tendenz zu bestätigen; freilich erscheint eine Zahl von „nur“ 1000 Vokabeln für das doch recht breit gefächerte Lektürecorpus etwas gering. Das folgende Diagramm zeigt für den „Bamberger Wortschatz“ den Grad der Textabdeckung in Abhängigkeit von der Menge der Lernvokabeln:

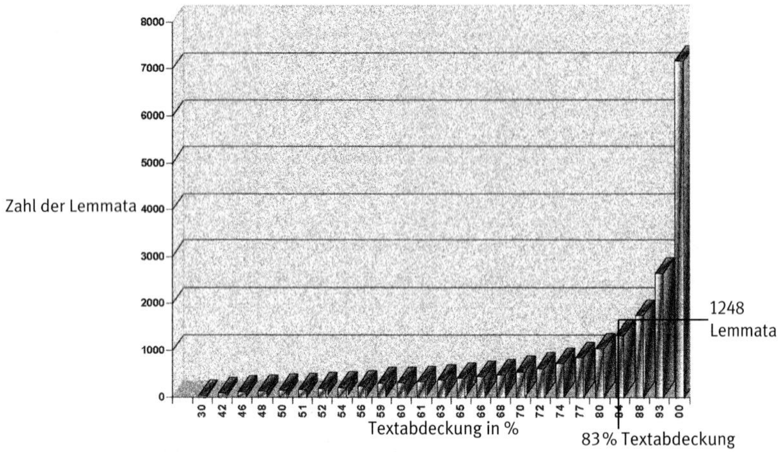

Das entscheidende und überaus erfreuliche Ergebnis ist am rechten Rand des Diagramms abzulesen: Mit einem **Basisvokabular von 1248 Lernwörtern** sind bereits gut 83 % unseres Textcorpus erfassbar.

Für die letzten 17 % Textabdeckung wäre demnach die Kenntnis weiterer knapp 6 000 Wörter erforderlich. Angesichts des relativ seltenen Vorkommens dieser weiteren Vokabeln erscheint ein Überschreiten der Zahl von 1248 Lernwörtern für einen Basiswortschatz nicht ökonomisch.

Eine Sichtung der damit ausgeschlossenen Vokabeln führt durchaus zu Überraschungen: Es entfallen z. B. altbekannte „Lehrbuchlieblinge“ wie interdum, appropinquare oder imminere, aber auch Kulturwörter wie mundus, ambitio oder transportare. Es entfallen zudem Militaria wie cruor, crudelitas, vulnerare oder invadere, außerdem „Fußangeln“ wie prodesse, die ewig verwechselten pendere und pendēre sowie das Homonym foedus.

Die 1248 Wörter des Basisvokabulars sind Grundlage der Standardausgabe **adeo-NORM** und der **adeo-Wörterliste**.

Die beschriebene Festlegung der Wortschatzzahlen auf ein reduziertes Basisvokabular ist jedoch nur sinnvoll, wenn auch während des Lektüreunterrichts systematische Wortschatzarbeit betrieben wird. Dabei geht es neben der Sicherung des bereits bekannten Vokabulars vor allem um den gezielten Erwerb autorspezifischer Wörter und Wortverbindungen.
Daher wurde im Rahmen der Untersuchungen zum „Bamberger Wortschatz" auch ermittelt, welche Anzahl von Vokabeln ergänzend erforderlich ist, um eine autorspezifische Textabdeckung von bis zu 90 % zu erreichen. Dabei ergab sich folgendes Ergebnis:
Die **Ergänzungswortschätze** zu den untersuchten Autoren (s. o.) enthalten insgesamt **693 verschiedene Lemmata**, von denen immerhin 226 bei nur je einem Autor (dann aber relativ häufig) erscheinen; 467 Lemmata sind bei mehreren Autoren belegt.
Die Vokabeln der Ergänzungswortschätze finden sich in der erweiterten Ausgabe **adeo-PLUS**.
Die elektronisch lesbaren **Daten** des „Bamberger Wortschatzes" entstammen zum großen Teil dem sog. Query-Corpus, einem kodierten Textcorpus, das zu jeder Wortform u.a. das zugehörige Lemma enthält. Die darin fehlenden Texte und Autoren wurden an der Universität Eichstätt ergänzend lemmatisiert und – wie auch die Ausgangsdaten aus dem Query-Corpus – von Dr. Heberlein in ein einheitliches weiter zu verarbeitendes Format gebracht.
Die vorliegende Ausgabe von **adeo** ist in ihrer doppelseitigen Anlage gezielt auf die **Bedürfnisse heutiger Schülerinnen und Schüler** abgestimmt:
Auf der jeweils rechten Seite finden sich die Vokabeln in einer lernfreundlichen vierspaltigen Anordnung, bei der die grammatischen Eigenschaften (2. Spalte) besonders betont werden. Die 4. Spalte zeigt das vielfältige Fortwirken der lateinischen Vokabeln in Fremdwörtern, Fachausdrücken und in den verschiedenen europäischen Sprachen.
Die linke Seite bietet dazu vielfältige Vernetzungsmöglichkeiten und Lernhilfen, wobei sich die in der einschlägigen Literatur hinlänglich besprochenen Feldtypen berücksichtigt finden: Sachfelder (cf. Sachgruppen, Sachgebiete), Wortfelder, Lexemfelder (cf. Wortfamilien, Wortsippen), Morphemfelder, Kollokationsfelder und syntaktische Felder. Darüber hinaus ermöglicht eine einfache Kennzeichnung die gezielte feldbezogene Wiederholung etwa im Hinblick auf bestimmte Themen oder Autoren. Die Benutzer können demnach ihre Wortkunde auch unter konkreten Fragestellungen „um Rat und Hilfe angehen" (adire).
Im Vorwort an die Schülerinnen und Schüler werden die doppelseitige Anlage und die Lernhilfen aus dem Blickwinkel der Benutzer erläutert.
Über die Auswahl der Vokabeln hinaus war es ein wesentliches Ziel des Projektes „Bamberger Wortschatz", die für das Lektürecorpus relevanten **deutschen Bedeutungen** zu ermitteln und dabei auch auf den heute üblichen Sprachgebrauch zu achten.
Die prinzipielle Problematik, deutsche Wortgleichungen für lateinische Vokabeln anzugeben, ist den Bearbeitern dieses Basisvokabulars bewusst; sie kann sicher in einer Wortkunde für Schüler nur partiell gelöst werden. Trotz der Vernetzungs- und Lernhilfen, wie sie

sich auf den jeweils linken Seiten befinden (vgl. insbesondere die Kollokationen), bleibt es unerlässlich, jedes einzelne lateinische Wort mit verständlichen deutschen Bedeutungsangaben zu verbinden.

Bei der Ermittlung dieser Bedeutungsangaben zu den Vokabeln des „Bamberger Wortschatzes“ wurde konsequent ein pragmatischer Ansatz verfolgt: Die Schülerinnen und Schüler sollen mit einer begrenzten Zahl ggf. strukturierter Bedeutungen eine möglichst effektive Hilfe für das Übersetzen und Erfassen derjenigen Texte, die ihnen begegnen, erhalten. Nach diesem Leitkriterium erscheint es zweitrangig, ob man von der häufigsten, von der sog. Standardbedeutung oder der 'Grundbedeutung' ausgeht, ob man bei der Grundbedeutung eher an die Wortableitung denkt oder an die 'ursprüngliche Bedeutung'. Es sind, wie sich bei der konkreten Arbeit zeigte, zu häufig Einzelfallentscheidungen nötig und sinnvoll, sodass in diesem Punkt auf eine allgemein gültige Festlegung bewusst verzichtet wurde.

Wie einige Beispiele zeigen, lohnt aber die Mühe der Bedeutungsüberprüfung nicht nur wegen der Reduktion der Bedeutungen, sondern auch im Hinblick auf die Auswahl corpusadäquater Bedeutungsangaben:

- acerbus: Manche Wortkunden beschränken sich auf die „eigentliche Bedeutung“ 'herb, bitter' - diese ist allerdings für unsere Texte kaum relevant; wichtiger sind die menschlichen Eigenschaften 'rücksichtslos' und 'grausam'.
- solere: Die traditionelle Angabe von 'gewohnt sein' und 'pflegen' ist eine unnötige Doppelung – von den potenziellen Missverständnissen bei 'pflegen' ganz zu schweigen; will man eine zweite Bedeutung neben 'gewohnt sein', so erscheint – im Zusammenhang mit einer konkreten Wendung – die freiere Übersetzung 'gewöhnlich etwas tun' sinnvoll.
- tegere: Die überall notierte Bedeutung 'decken' neben 'bedecken' und 'schützen' ist entbehrlich; es handelt sich wohl um eine etymologische Grundbedeutung.
- vulnus: Die Angabe 'Wunde, Verletzung' passt nur z. T.; während die Bedeutung 'Verletzung' überflüssig erscheint, ist im Hinblick auf mehrere Stellen (v. a. bei Cäsar) die zusätzliche Bedeutung 'Verlust' (in militärischem Sinn) hilfreich.

Diese Beispiele mögen reichen, um einige Schlaglichter auf die Problematik - und die Sisyphusarbeit - der Bedeutungsermittlung zu werfen.

Id adeo, si placet, considerate! *(Cicero)*

B Brauchtum, Kultur

	S.
aedificia	10
bauen	10
Brief	132
domus	44
familia	52
Forum Romanum	56
Götter	40
Handel	46
Religiöse Haltungen u. Handlungen	56
religiös – heilig – göttlich	132
Schicksal	54
Stadt	98
templum – aedis	144

G Gefühle, Wahrnehmungen

	S.
flere – ridere	54
Liebe	158
lieben	42
Negative Gefühle	146
negativ fühlen	80
Positive Gefühle	14
positiv fühlen	58
sehen	24
Unglück – unglückllich	104

P Politik, Staat

	S.
Anerkennung	58
Aufgaben im öffentlichen Leben	96
beeinflussen	8
Einfluss haben	154
Einfluss – Macht	110
fordern – veranlassen – befehlen	110
Herrscher – Staatsform	130
oratio	134
Politische Beziehungen	118
urbs – orbis	100
Volk – Gemeinschaft	24

R Recht

	S.
Gerichtssprache	8
Rechtswesen	22
Strafe	36
Vergehen – Verbrechen	34

Weitere Wort- und Sachfelder

aber	124
alt	156
anfangen – aufhören	142
auch	124
Aussehen	160
Besondere Steigerungsformen	150
Brief	132
eilen – laufen	116
Farben	18
Fragewörter	124
Freizeit – Erholung	122
gehen	70
Grundzahlen – Ordnungszahlen	134
Häufigkeitsadverbien	126
Lokaladverbien	62
Menge	84
Nutzen – nützlich	152
obwohl	144
oder	154
Positive Eigenschaften	118
Schlechte Eigenschaften	78
schließen – öffnen	14
Temporaladverbien	114
Temporale Subjunktionen	110
Verneinung	94
verunsichern – hindern	106
von	38
warum	36
wenige – viele	28
wie	120